ESTRATÉGIAS de ENSINO 21

CB125944

EDITOR
Marcos Marcionilo

CONSELHO EDITORIAL
Ana Elisa Ribeiro [CEFET-MG]
Alexandre Cadilhe [UFJF]
Ana Stahl Zilles [Unisinos]
Carlos Alberto Faraco [UFPR]
Celso Ferrarezi Jr. [UNIFAL]
Egon de Oliveira Rangel [PUC-SP]
Henrique Monteagudo [Universidade de Santiago de Compostela]
José Ribamar Lopes Batista Jr. [UFPI/CTF/LPT]
Kanavillil Rajagopalan [Unicamp]
Marcos Bagno [UnB]
Maria Marta Pereira Scherre [UFES]
Roberto Mulinacci [Universidade de Bolonha]
Roxane Rojo [UNICAMP]
Salma Tannus Muchail [PUC-SP]
Sírio Possenti [UNICAMP]
Stella Maris Bortoni-Ricardo [UnB]
Tommaso Raso [UFMG]
Vera Lúcia Menezes de Oliveira e Paiva [UFMG/CNPq]

Irandé Antunes

ANÁLISE DE TEXTOS

fundamentos e práticas

parábola

Capa: Andréia Custódio
Diagramação: Telma Custódio
Revisão: Marcos Bagno
Imagem da capa: 123rf.com

CIP-BRASIL. CATALOGAÇÃO NA FONTE
SINDICATO NACIONAL DOS EDITORES DE LIVROS, RJ

A672

Antunes, Irandé, 1937-
Análise de textos : fundamentos e práticas / Irandé Antunes. - São Paulo : Parábola Editorial, 2010.
(Estratégias de ensino ; 21)

Inclui bibliografia
ISBN 978-85-7934-022-2

1. Língua portuguesa - Composição e exercícios - Estudo e ensino. 2. Análise do discurso. 3. Linguagens e línguas - Estudo e ensino. 4. Linguística - Estudo e ensino. I. Título. II. Série.

10-3916. CDD: 469.8
CDU 811.134.3´42

Direitos reservados à
PARÁBOLA EDITORIAL
Rua Dr. Mário Vicente, 394 - Ipiranga
04270-000 São Paulo, SP
pabx: [11] 5061-9262 | 5061-8075 | fax: [11] 2589-9263
home page: www.parabolaeditorial.com.br
e-mail: parabola@parabolaeditorial.com.br

Todos os direitos reservados. Nenhuma parte desta obra pode ser reproduzida ou transmitida por qualquer forma e/ou quaisquer meios (eletrônico ou mecânico, incluindo fotocópia e gravação) ou arquivada em qualquer sistema ou banco de dados sem permissão por escrito da Parábola Editorial Ltda.

ISBN: 978-85-7934-022-2

1ª edição, 9ª reimpressão: agosto de 2024
© do texto: Irandé Antunes
© da edição brasileira: Parábola Editorial, São Paulo, setembro de 2010

A cada dia que vivo, mais me convenço de que
o desperdício da vida
está no amor que não damos,
nas forças que não usamos,
na prudência egoísta que nada arrisca, e que,
esquivando-nos do sofrimento,
perdemos também a felicidade.

(Drummond, *Definitivo*)

A João Antunes Victor,
um pedacinho de voz que veio fazer parte
da grande sinfonia do interdiscurso humano.

Sumário

Sobre peixes e linguagem

Marcos Bagno

Me ocorre frequentemente a ideia de que nós nos relacionamos com a linguagem assim como os peixes se relacionam com a água. Fora da água, o peixe não existe, toda a sua natureza, seu desenho, seu organismo, seu modo de ser estão indissociavelmente vinculados à água. Outros animais até conseguem sobreviver na água ou se adaptar a ela, como focas, pinguins, sapos e salamandras, que levam uma existência anfíbia. Mas os peixes não: ser peixe é ser na água. Com os seres humanos é a mesma coisa: não existimos fora da linguagem, não conseguimos sequer imaginar o que é não ter linguagem — nosso acesso à realidade é mediado por ela de forma tão absoluta que podemos dizer que para nós a realidade não existe, o que existe é a tradução que dela nos faz a linguagem, implantada em nós de forma tão intrínseca e essencial quanto nossas células e nosso código genético. Ser humano é ser linguagem.

Mas a comparação com o peixe também pode se aplicar a uma outra dimensão da linguagem, que é a única forma como a linguagem realmente adquire existência: a dimensão *textual*. Abrir a boca para falar, empunhar um instrumento para grafar o que quer que seja, ativar a memória, raciocinar, sonhar, esquecer... todas essas atividades humanas só se realizam como *textos*. Só tem linguagem onde tem texto. No entanto, por alguma misteriosa razão, os estudos linguísticos durante quase dois milênios desprezaram esse caráter essencialmente textual da linguagem humana. Talvez justamente por ele ser tão íntimo e inevitável quanto respirar, algo que fazemos tão intuitivamente que nunca nos detemos para refletir sobre isso, é que o caráter textual de toda manifestação da linguagem tenha sofrido esse soberano desprezo. E as consequências desse desprezo, para a educação, configuram a tragédia pedagógica que tão bem conhecemos: a redução do estudo da língua, na escola, à palavra solta e à frase isolada.

Uma palavra solta, uma frase isolada são um peixe fora d'água. O texto é o ambiente natural para qualquer palavra, qualquer frase. Fora do texto, a palavra sufoca, a frase estrebucha e morre. E como pode o peixe vivo viver fora da água fria?

A ideia de que uma frase se sustenta sozinha é uma das inúmeras heranças que recebemos da Antiguidade clássica. Mas sabemos que os primeiros estudos sobre a linguagem tinham um caráter eminentemente filosófico, metafísico mesmo, pois os filósofos gregos não tinham preocupações linguísticas propriamente ditas, muito menos preocupações didáticas: o que interessava a eles era descobrir de que maneira (e se é que) a linguagem refletia o funcionamento da alma, que por sua vez (e se é que) refletia o funcionamento do mundo natural, que por sua vez (e se é que) refletia a organização do universo. Para isso, bastava a frase, a sentença isolada, o *autotelos logos*, ou seja, o enunciado completo em si mesmo, porque sua estrutura mínima servia aos propósitos da investigação metafísica. O desastre se opera quando essa autossuficiência (suposta) da frase isolada é transferida para os estudos da língua em si mesma e, pior ainda, para o *ensino* da língua. O peixe morto, que pode ser aberto e estripado para se saber o que tem lá dentro, se tornou o objeto do ensino de línguas, quando esse objeto deveria ser o peixe vivo e bulindo, em cardume, dentro de seu ambiente natural, líquido, aquoso: lago, lagoa, riacho, rio, praia, alto-mar — a água-texto.

Irandé Antunes, incansável defensora dos peixes vivos, prossegue aqui em sua luta contra o uso do peixe morto, estripado e malcheiroso, que ainda infecta o nosso ensino de línguas, em pleno século XXI. É com ela que aprendemos o que deveria ser óbvio: que ensinar línguas não é pescar, mas mergulhar na água do texto e nadar entre os peixes. Deveria ser óbvio, mas não é. Por isso, só podemos comemorar, aplaudir e agradecer mais esse manifesto em defesa da linguagem, da língua e do texto que, na água vivificada pelo espírito humano, são uma coisa só!

Introdução

Penso em quem quando escrevo um livro como este? Penso nos professores de português do ensino fundamental e médio; penso nos alunos de letras ou de pedagogia, que se preparam para assumir a função de professor ou de orientador na lidas do ensino de línguas. Penso, na verdade, em trazer *uma espécie de reforço à prática da análise de textos, privilegiando, é claro, aspectos da sua textualidade.*

Pretendo, portanto, apoiar aqueles que desejam "fazer morada" no domínio amplo e complexo das questões textuais; pretendo trazer-lhes algumas pistas para a caminhada no meio do labirinto que é a análise de texto enquanto atividade pedagógica. Não cabe, pois, descer a especulações mais aprofundadas, a definições e metalinguagens mais apuradas. Com o cuidado de fazer recortes, sem abrir mão da consistência teórica e da seriedade metodológica, pretendo apenas mostrar um pouco de *como se pode fazer análises de textos centradas* em *elementos* que, de fato, são *determinantes para a construção de sua textualidade e de sua função interacional.*

Vamos lá.

Facilmente se pode comprovar a dificuldade de alguns professores para fazer esse tipo de análise. Submetidos durante anos, desde alunos e depois como professores, a uma prática de análise que se esgotava na identificação de categorias gramaticais ou sintáticas, eles deixam de perceber os aspectos mais relevantes de construção da textualidade. Além dos limites dessas experiências reducionistas, muitos professores não tiveram oportunidade, em seus cursos de formação, de entrar em contato com teorias sobre o texto e suas propriedades ou não souberam encontrar nessas teorias implicações para futuras análises.

De fato, a competência para a exploração da linguagem, em eventos da comunicação oral e escrita, supõe, por um lado, uma fundamentação teórica ampla, consistente e suficientemente clara, que contemple aspectos fundamentais de sua construção e de seu funcionamento. As conexões que podem ser criadas em um texto e que apoiam sua interpretação ultrapassam aquelas previstas pelas determinações morfossintáticas. Ultrapassam porque o destinatário vai sendo instruído para estabelecer diferentes nexos entre diferentes pontos do texto — por vezes, pontos até distantes —, nexos que não se devem apenas a elementos de ordem morfológica ou sintática. Em outras palavras, a construção dos sentidos se deve a outros elementos para além daqueles de ordem gramatical.

Em geral, os estudos linguísticos que integram os currículos dos cursos de letras ainda incidem muito sobre aspectos da morfossintaxe das línguas, em detrimento de questões sobre a construção e a circulação das ações de linguagem. Consequentemente, o olhar de professores e alunos sobre a construção do texto ainda é um olhar quase exclusivamente gramatical. Ainda falta, em muitos cursos, uma abordagem consistente de teorias sobre a textualidade, o que poderia ser possível pela exploração dos princípios da linguística de texto.

Por outro lado, falta ao professor uma prática contínua de análise, que possibilite o desenvolvimento da capacidade de enxergar os elementos que, para além do gramatical, são centrais para o entendimento do texto. Não por acaso, se formou nos professores e nos alunos uma visão de análise presa exclusivamente ao que aparecia na superfície do texto. Mesmo depois de tantos apelos a favor de análises de caráter textual, ainda vigora, na maioria das escolas — concretamente entre professores, coordenadores de ensino e gestores — e entre os alunos, uma prática de análise que equivale à mera identificação de categorias gramaticais. Para alunos e professores, até mesmo o sentido do termo 'análise' remete somente para essa identificação.

A superação desse problema, consequentemente, também requer, por um lado, o estudo das questões eminentemente textuais, como aquelas relativas aos critérios da coesão, da coerência, da relevância informativa, da intertextualidade e de tantas outras, presas às condições contextuais em que acontecem as ações de linguagem. Por outro lado, exige que se instaure na escola, com regularidade, a prática da análise dessas questões textuais em exemplares reais, orais e escritos, que circulam ou circularam em nossas atividades sociais. Esse prisma de análise das regularidades textuais faria com que se obscurecesse aquele outro viés com que se costuma analisar o que os alunos escrevem na escola: o viés da correção gramatical, segundo o qual "basta o texto não ter erros gramaticais para estar bom'"

A teoria apenas, sem a prática da análise, pode representar uma abstração, um conjunto de hipóteses, de suposições, simplesmente. Em termos de linguagem, pode parecer uma referência a algo que não pertence à nossa experiência concreta de falantes e ouvintes. Por sua vez, a análise, apenas, não se desenvolve sem os fundamentos de princípios teóricos consistentes. Teoria e análise se alimentam mutuamente.

Pareceu-me oportuno, então, oferecer aos professores e alunos, a partir de um conjunto de 'lembretes' teóricos, algumas indicações e alguns exemplos de como se pode perceber em textos elementos de sua construção, de sua relevância comunicativa e de como se pode ultrapassar, nas atividades de análise, a simples identificação de elementos de sua superfície.

Sabemos quanto os sentidos e intenções expressos no que dizemos são resultado de determinações contextuais, textuais, lexicais e gramaticais, que atuam para além do que aparece na superfície. Cada um desses conjuntos de determinações promove a instauração daqueles sentidos e intenções, de maneira que *um não pode prescindir dos outros*. As determinações gramaticais, por exemplo, isoladamente, são insuficientes. Ou seja, uma ação linguística não se faz apenas com gramática, ou apenas com léxico, embora gramática e léxico tenham uma função determinante na construção da coerência e da relevância dos sentidos ativados.

Os professores têm procurado entender esse ponto quando propõem a conveniência de se estudar a 'gramática contextualizada' ou 'a gramática no texto', conforme dizem. Mas ainda falta, me parece, vivenciar satisfatoriamente essa proposta. As atividades realizadas sob o rótulo de gramática contextualizada têm consistido, quase sempre, na prática de retirar do texto um fragmento para indicar as classes ou categorias morfossintáticas desses fragmentos ou de partes deles.

Por sinal, vale a pena voltar a referir a grande dificuldade dos professores para emprestar ao ensino da gramática esse viés textual. Confusos, ficam entre as alternativas: *ensinar gramática* ou *não ensinar gramática*, como se uma das alternativas pudesse valer sozinha[1].

Pretendo trazer, nas páginas deste livro, uma contribuição no sentido de *poder viabilizar análises que incidam sobre questões da construção coesa, coerente e relevante de textos*, o que, naturalmente, inclui *contexto, texto, léxico e gramática.*

As questões envolvidas nesse conjunto são numerosíssimas e, além disso, se interdependem e carecem de limites bem definidos, o que exige do analista, do ponto de vista metodológico, algum critério de segmentação e de análise. Por isso, decidi selecionar algumas questões e visualizá-las em três grandes blocos, que envolvem:

- *aspectos globais do texto;*
- *aspectos de sua construção;*
- *aspectos de sua adequação vocabular.*

É preciso ter em mente, no entanto, que em um texto, um item de sua construção ou outro de seu vocabulário, por exemplo,

[1] Espero poder ajudar um pouco os professores a desfazer essas confusões. Mesmo assim, quero sugerir – aos professores de todos os níveis – um estudo mais amplo e aprofundado da questão da "gramática". Nesse sentido, existe no Brasil uma farta bibliografia que se ocupa do objeto 'gramática' e, consequentemente, de seu ensino. Vale a pena consultar, entre outros, Bagno (2000, 2001, 2007, 2009, 2012, 2013), Antunes (2007), Faraco (2008), Neves (2000, 2002, 2003, 2006, 2010), Mattos e Silva (1994, 2004), Perini (1985, 1997, 2006, 2008, 2010), Travaglia (1996, 2003).

podem ter sua significação exatamente em função do todo. Quer dizer, *não* é possível *isolar o que é pontual, ou o que é simplesmente gramatical, ou o que nada tem a ver com o sentido ou a função global do que é dito*. Em um texto, tudo se interdepende e tudo concorre para a expressão coerente e relevante de seu sentido e de seus propósitos comunicativos.

Chamo a atenção, portanto, para esse cuidado de, nas análises que fazemos, não separar, não isolar o que é global do que é pontual e vice-versa, o que é lexical do que é gramatical; afinal, o texto é *um tecido único*, cujo resultado global decorre exatamente dos efeitos conseguidos por meio de cada um dos nós, feitos textualmente, e pressupostos contextualmente.

Convencida, como já mostrei anteriormente, de que as análises supõem uma boa fundamentação teórica, optei por organizar este trabalho da seguinte forma:

- em um primeiro momento, apresento uma breve fundamentação teórica acerca de questões pertinentes ao bloco em estudo;
- logo em seguida, apresento análises de textos relativas a pontos pertinentes a esse bloco.

Ou seja, na exploração de cada bloco, consta uma breve fundamentação teórica e, depois, uma amostra de análises. O volume de conceitos e de noções teóricos relativos às questões textuais é imenso; não poderia, no curto espaço deste livro, senão levantar alguns pontos — os que me parecem mais pertinentes — para entender melhor um pouco do que acontece nos textos que fazemos e recebemos.

Uma decisão me pareceu importante e tem a ver com a exploração dos itens da gramática ou dos fatos gramaticais, melhor dizendo. Valendo-me de que procedimentos pretendo dar conta dessa exploração? Desenvolver a análise, numa seção à parte, como fiz em relação aos aspectos globais do texto, aos aspectos de sua construção e de sua adequação vocabular? Não faria sentido, a não ser numa perspectiva de linguagem fora dos usos e inteiramente virtual ou hipotética, o que não se aplica aos propósitos de qualquer abordagem pedagógica.

Apoiada nessa concepção, decidi pelo seguinte: *fazer, ao final da análise de cada texto, considerações acerca de como determinados elementos gramaticais concorreram para a efetivação do aspecto textual em estudo*. Por sinal, vale destacar o seguinte: à medida que fui analisando cada bloco, já fui tecendo considerações sobre um ou outro item gramatical que foram decisivos para a construção do sentido. Quer dizer, fui experimentando na pele a impossibilidade de dar conta dos sentidos do texto, dos recursos de sua construção ou de sua adequação vocabular, sem recorrer à consideração de itens da gramática.

De fato, especificar, isoladamente, no âmbito da construção dos sentidos, os fenômenos gramaticais é como esvaziar o texto de um de seus componentes fundamentais. Tudo o que um texto significa:

- resulta dos *elementos contextuais* em que esse texto funciona como parte de um evento comunicativo;
- resulta do *conhecimento de mundo* ativado pelo conjunto de elementos contextuais e textuais;
- resulta *das unidades lexicais* postas ou pressupostas na superfície do texto;
- resulta *das unidades gramaticais em suas múltiplas categorias, relações e funções*.

Quer dizer, em um texto, os sentidos são expressos pela conjunção de todos esses fatores. Mesmo no âmbito do mais especificamente linguístico, léxico e gramática misturam-se, fundem-se. As unidades do vocabulário significam porque fazem parte de uma construção gramatical; esta, por sua vez, significa porque inclui os valores semânticos das unidades lexicais.

Ou seja, uma análise de textos, na perspectiva mais ampla, será tanto mais pertinente quanto mais aliar o linguístico às situações onde as interações acontecem. Na perspectiva do linguístico, será tanto mais pertinente quanto mais conseguir aliar o léxico à gramática e vice-versa.

Neste trabalho, a análise das categorias gramaticais vem, portanto, depois da análise de cada texto, exatamente para facilitar a integração pretendida entre a gramática e os outros componentes.

Uma outra decisão que tomei deveu-se à necessidade de fazer um recorte na natureza dos textos que seriam objeto de análise. Convinha delimitar entre os textos: orais, escritos, puramente verbais, multimodais, não verbais etc. Impossível tratar de todos. Escolhi, então, os textos escritos, apenas verbais ou não multimodais, por serem os mais frequentes nas atividades de sala de aula e por demandarem ainda uma prática de análise mais consistente e relevante. Pretendo, assim, trazer uma contribuição mais imediata ao trabalho dos professores e ajudá-los na compreensão de como *a construção e a compreensão dos sentidos e das intenções expressos nos textos são funções do contexto, do léxico e da gramática*.

Talvez eu possa neutralizar um pouco a ideia equivocada de que a gramática basta; ou a outra de que a gramática se esgota na simples classificação de suas categorias.

Talvez, afinal, eu possa ajudar na descoberta, clara e pertinente, do que devemos fazer com os textos que trazemos às nossas aulas de línguas.

Queria que a minha voz tivesse um formato de canto

(Manoel de Barros, *Memórias inventadas: a infância*)

Antes de iniciar esta *conversa* (assim mesmo: me sinto conversando com os professores — atuais e futuros), gostaria de externar meus agradecimentos a todos os professores com quem mantenho contato nos momentos de formação. Com eles, eu percebo *onde* persiste a indefinição, o conceito confuso, a hipótese infundada, a 'certeza' errada. Por isso, escrevo como se estivesse *respondendo a eles*. Por isso, sou insistente, enfática, até redundante, às vezes. Meu desejo é que nada se perca pelo caminho. Mostro por onde *não* se deve ir; mas também tenho o cuidado de indicar o melhor jeito de caminhar. Mais: meu grande desejo é que todos nos puséssemos a caminho, sem trégua, na busca de um encontro mais significativo com as questões linguísticas, aquelas mais brandas, de quando "a luz da língua migalha" e aquelas mais "ensopadas de precisão", usadas "debaixo da luz forte do sentido".

Agradeço, em especial, a Marcos Marcionilo, meu editor, que tem apoiado esse *meu gosto de estar com os professores através da palavra escrita* e que tem acreditado nas possibilidades de se inaugurar ou de se fortalecer *um novo momento* para o processo da educação linguística em terras brasileiras.

Sou grata ainda à professora Ana Lima, minha amiga e "companheira de jornada" nas lides à volta de textos e de seu ensino.

Capítulo 1

Uma visão sumária das práticas pedagógicas de análise de textos

Os manuais didáticos costumam trazer uma série de questões relativas ao texto que encabeça as lições de cada unidade. A seção do livro em que aparecem essas questões é apresentada, normalmente, sob o título de *interpretação do texto, compreensão do texto* ou outros similares.

Em princípio, tais questões, na sua maioria em forma de perguntas, propõem-se a avaliar a compreensão do aluno a respeito do material proposto para leitura. Poderiam representar atividades de análise de textos e, em certa medida, o são. Entretanto, fogem a esse propósito, pois, frequentemente, trazem propostas de atividades que extrapolam o texto, que incidem sobre opiniões pessoais acerca de aspectos temáticos abordados ou que, para serem resolvidas, dispensam a consulta ao que foi lido. Por esses prismas, a rigor, não são, propriamente, atividades de análise de texto.

Contudo, levando em consideração esses exercícios de interpretação, até podemos reconhecer que começa a haver nos manuais didáticos um empenho maior em explorar as diferentes estratégias e habilidades de construção dos sentidos do texto. A avaliação desses manuais, a cargo do Programa Nacional do Livro Didático (PNLD), desde a década de 1990, tem constituído um parâmetro de qualidade já para sua elaboração.

Consequentemente, grande parte dos manuais didáticos atesta, no momento, uma razoável melhoria em relação aos exercícios de leitura e compreensão, se comparados a publicações dos anos 1970 e —1980, por exemplo. A propósito, vale referir um estudo feito, em 1996, em manuais de ensino de língua portuguesa, pelo professor Marcuschi, no qual foi possível atestar que tais exercícios reduzem "todo o trabalho de compreensão à identificação de informações objetivas e superficiais" (p. 64).

A razoável melhoria de que se falou logo atrás não significa que esses males do trabalho com o texto tenham desaparecido totalmente. Ainda persistem, em manuais, e persistem, sobretudo, nas atividades que são de inteira autoria dos professores, ou seja, em atividades criadas especificamente para a sala de aula.

Na prática, o que essas atividades têm privilegiado?

Reféns da concepção de que a gramática é que constitui o objeto ou o foco principal do estudo da língua, as atividades a partir dos textos têm servido, principalmente, como oportunidades de exemplificar o uso de determinada categoria morfológica ou de identificar a ocorrência dessas categorias, como tem sido sobejamente mostrado em tantos trabalhos sobre o ensino da língua[1].

Com tais atividades de reconhecimento da classe ou da subclasse gramatical das unidades, fica a impressão — nos professores, alunos e pais de alunos — de que se está cumprindo a função primordial de ensino da língua, que é — na concepção deles — "ensinar gramática" (nem se percebe que isso é apenas uma partezinha — a mais externa — da gramática!)

Ao lado dessa fixação nas classes de palavras, têm tido amplo lugar os exercícios de simples transcrição de trechos do texto, nos quais se pode identificar, por exemplo, falas ou descrições de um determinado personagem. São exercícios de cópias, simplesmente, presos à sequência em que os itens apareceram no texto,

[1] Em minha dissertação de mestrado, sob orientação do Prof. Marcuschi, analisei quatro coleções de língua portuguesa, para o ensino fundamental, e a conclusão, apoiada em muitos dados, confirmou a hipótese de que a gramática "atropela" e tira do caminho outros campos de estudo da língua (ver Antunes, 1986).

e que não exigem a mobilização de cálculos interpretativos ou de estratégias de raciocínio mais complexas.

Na mesma perspectiva de uma análise pouco relevante, podemos lembrar a reincidência de propostas para que o aluno identifique informações objetivas e explícitas na cadeia do texto. A orientação dessas questões se esgota, naturalmente, na simples recuperação do que aparece na superfície — com todas as letras — provocando, na maioria dos casos, situações de extrema obviedade. São, assim, atividades que não desenvolvem no aluno competências para a compreensão interativa, isto é, para a participativa construção dos sentidos e das intenções expressos no texto e contidos em seus contextos de uso.

Todas essas marcas da orientação do trabalho levam a que se perca de vista os aspectos globais do texto, quer dizer, aquilo que lhe confere *centralidade e unidade semântico-pragmática*, como sua concentração temática ou a finalidade comunicativa predominante. Consequentemente, são mais abundantes as propostas que incidem sobre questões pontuais, que, isoladas do resto, perdem seu efeito em relação à sua dimensão global. Por vezes, como dissemos, para serem resolvidas, dispensam até o recurso ao texto.

Vale a pena trazer o exemplo de uma atividade, uma apenas que seja, para se ter uma ideia mais clara de como os textos não servem para análises de categorias eminentemente textuais; servem, conforme tenho mostrado, como campo de amostra da ocorrência de uma ou outra classe de palavra, de um ou outro fenômeno morfossintático[2].

[2] É evidente que nem todos os exercícios a partir de textos têm essa configuração. Mas é evidente também que ainda acontecem muitos deles na prática do dia a dia escolar por esse Brasil afora. O exercício que aqui se mostra como exemplo data de 2008, o que comprova a falta de atualização das novas propostas de trabalho com o texto. Em geral, como disse, os exercícios criados pelos professores – sobretudo aqueles destinados às avaliações – têm esse perfil. Muda apenas o conteúdo, na dependência da classe gramatical que está sendo estudada. Gostaria de esclarecer que a omissão da fonte onde colhi esta amostra deve-se ao fato de tê-la recebido de uma professora em exercício de sala de aula.

Vamos ao exemplo.

> LEIA.
>
> O patinho feio
>
> Era o mais feio de todos
> Só fazia trapalhadas
> Nem cantar ele sabia
> Nadava que nem louco
> Se brincava ninguém entendia.
>
> Tentou fazer amizades
> Tentou uma duas três vezes
> Tiraram sarro dele
> Diziam que era avesso.
>
> Um dia o patinho cansou
> Comprou um bilhete para a lua
> Já era tempo futuro
> Mudar de planeta foi como atravessar a rua.
>
> INDIQUE OS TEMPOS VERBAIS DOS VERBOS DESTACADOS NA 2ª ESTROFE.

Depois de mais umas "questõezinhas" em torno dos tempos verbais, aparecia o seguinte desafio:

> NAS FRASES A SEGUIR, CIRCULE OS VERBOS QUE ESTÃO NO FUTURO DO PRESENTE E NO FUTURO DO PRETÉRITO E ESCREVA-OS ABAIXO
>
> a) "Será assim, amiga: um certo dia
> estando nós a contemplar o poente
> sentiremos no rosto, de repente,
> o beijo leve de uma aranha fria."
> (Vinícius de Morais)
>
> Futuro do presente ________________________________

b) "Se eu fosse um padre eu citaria os poetas
Rezaria seus versos, os mais belos,
Desses que desde a infância me embalaram."
(Mário Quintana)

Futuro do pretérito ____________________

"Não serei o poeta de um mundo caduco.
Também não cantarei o futuro.
Estou preso à vida e olho meus companheiros."
(Carlos Drummond de Andrade)

Futuro do presente ____________________

Como fica evidente, a finalidade prevista para aquilo que seriam análises de texto se esgota na gramática e, mais especificamente, na mera identificação de suas categorias. Até mesmo os versos são convertidos em frases. E *a poesia deixa de existir; sucumbe.*

O problema de atividades desse tipo nasce em momentos anteriores à sua elaboração; ou seja, nasce na seleção, pelos professores, dos itens dos programas ou dos planejamentos de ensino. Sem atenderem às orientações mais consistentes, dadas em uma farta literatura acadêmica e em documentos oficiais, os professores não se distanciam muito dos tradicionais programas e incluem, na ordem de sempre, a passagem, uma a uma, de cada classe gramatical. Dessa forma, os planejamentos de ensino da língua feitos nas escolas não têm sabido *ver para além da gramática*, de modo que, como se tem reiterado, estudar uma língua tem equivalido, apenas, a estudar questões de sua gramática. Bem dizendo, de uma gramática fora de qualquer contexto[3].

Guiados por esses planejamentos, os professores privilegiam levantar questões a partir de fragmentos dos textos, ou deles

[3] No contato com os professores, costumo escutar a queixa de que gestores, orientadores e os próprios pais resistem a um ensino que tenha no centro outras questões que não aquelas puramente gramaticais. Ou seja, os que resistem também se aliam e se reforçam mutuamente. Uma das soluções é, do lado das mudanças, promover também alianças!

retirados, fragmentos que são, na prática, convertidos em frases descontextualizadas (mesmo que sejam versos de um poema), sem referência ao todo do qual são partes significativas. Tais fragmentos, assim soltos, ganham inteira autonomia, perdem seus vínculos com as sequências anteriores ou posteriores do texto, não têm autoria nem se enquadram numa determinada cena enunciativa. Não parecem ser uso representativo da língua escrita ou da língua oral, da prosa ou da poesia, desse ou daquele registro. Para o que se destinam, o essencial é que esses fragmentos contenham unidades da classe gramatical ou fatos da questão morfossintática em estudo[4].

É natural, portanto, que, diante das orientações e propostas de ver os textos com perspectivas mais amplas, de entender a gramática como um dos constituintes dos sentidos explícitos e implícitos, os professores fiquem meio perdidos e tenham dificuldade de discernir sobre o que fazer.

Nesse particular, se percebe que o professor, ao optar por essa gramática contextualizada, sente-se como se estivesse traindo sua função pedagógica primeira, que, segundo a visão de tantos séculos, é ensinar a gramática das palavras e das orações. Esse professor sente-se fracassado se seu aluno, mesmo no ensino fundamental, não sabe, por exemplo, o que é um substantivo, um adjetivo, uma oração subordinada etc. Pode até não saber ler nem escrever; não importa; isso fica para depois.

Aos pais dos alunos, aos alunos, aos próprios professores, parece embromação um programa que se desvie daquela ordem das classes gramaticais, com todas as suas subdivisões: artigo, numeral, substantivo, adjetivo, pronome, verbo etc. Alegam que o conhecimento dessas classes é condição de sucesso nos exames de concursos e vestibulares. Furtam-se, no entanto, ao trabalho de analisar como são feitas as provas desses exames, ou qual o lugar

[4] Pode parecer insistência desnecessária nas mesmas observações. Pode. Aceito. Entretanto, quando, em minhas andanças por diferentes rincões do Brasil, entro em contato direto com os problemas que os professores levantam, constato *que ainda não é demais* mostrar os equívocos em que a escola tem caído, limitando-se ao simplismo das classificações e fugindo à exploração das *questões eminentemente textuais.* Portanto, fica aqui, mais uma vez, minha insistente palavra em favor de um ensino de língua que tenha como objeto a atividade – sempre funcional – da interação verbal.

e o peso concedidos aí à compreensão e à elaboração de textos. Contentam-se em, melancolicamente, lamentar as mudanças operadas e, zelosamente, vigiar pela manutenção de um programa que já não responde às necessidades sociais de agora.

Por vezes, me parece que professores, pais e alunos "não querem ver" a inoperância, a irrelevância e a deficiência desse ensino que não desenvolve as competências necessárias à significativa atuação das pessoas na vida profissional e nas situações sociais mais diversas. Esse não querer ver pode parecer bem mais cômodo que procurar as saídas para novas opções e novos desafios.

A esse propósito, valia a pena averiguar *o que se ensina na escola acerca do texto*. Muito pouco, não? Só mais recentemente, se vê nos livros didáticos — sobretudo naqueles manuais destinados ao ensino médio — uma ou outra menção a questões da coesão, da coerência, da intertextualidade, da relevância sociocomunicativa, da implicitude e de outras propriedades do texto. O tópico 'gêneros textuais' tem sido objeto de mais referências; mas, ainda assim, muito superficialmente, fora de práticas que levem o aluno a entender a centralidade de suas questões. Em geral, passa-se muito brevemente e, claro, superficialmente, de um gênero a outro, sem explorar suas questões mais pertinentes.

Parece que as regularidades textuais são dadas por sabidas e seu aprofundamento vai sendo adiado, na suposição ingênua de que o estudo daquela gramática autônoma, independente de qualquer contexto, tudo explica e provê toda a competência necessária às interações. As análises revelam, sobejamente, que não se escreve ou não se compreende um texto apenas com gramática. Muito menos com a ciência de sua nomenclatura morfossintática. Quando o escritor Luís Fernando Veríssimo, em uma de suas crônicas[5], diz que sempre foi péssimo em português e que *a intimidade com a gramática é dispensável*, tanto que ele, assim péssimo, *ganha a vida escrevendo*, está exatamente referindo-se a essa gramática que se esgota na mera classificação de suas unidades.

[5] A crônica de que falo intitula-se "O gigolô das palavras" e está publicada em: *Crônicas selecionadas e comentadas* por Maria da Glória Bordini, 4, Porto Alegre: L&PM, 1982, p. 10-12.

No momento, um dos desafios para os professores é descobrir o que incluir em seus programas de estudo da língua, para além da simples circulada pelas categorias da morfologia e da sintaxe.

Não resta dúvida, pois, que são bem oportunos todos os esforços por orientar e apoiar o trabalho dos professores em torno das questões textuais, sejam questões da sua produção, sejam da sua compreensão. A exploração dessas questões, com certeza, pode contribuir muito para que o professor vá descobrindo como ampliar seus programas de estudo da língua e, melhor dizendo, como preencher suas previsões de estudo com questões que são, de fato, relevantes para a ampla e atuante educação linguística de seus alunos.

É o que vamos tentar fazer nas próximas páginas: *explorar questões do texto coeso, coerente, relevante e adequado con-textualmente.*

Escrever é outro modo de falar.
Ler é outro modo de ouvir.
(Marcos Bagno, *O espelho dos nomes*)

Capítulo 2

Noções preliminares sobre o texto e suas propriedades

2.1 O conceito de textualidade

Como fundamento para a compreensão do que é o texto, tem-se desenvolvido o conceito de textualidade, a qual pode ser entendida como *a característica estrutural das atividades sociocomunicativas* (e, portanto, também linguísticas) executadas entre os parceiros da comunicação. Logo, todo enunciado — que porta sempre uma função comunicativa — apresenta *necessariamente* a característica da textualidade ou uma "*conformidade textual*".

Quer dizer, em qualquer língua, e em qualquer situação de interação verbal, o modo de *manifestação* da atividade comunicativa é a *textualidade* ou, concretamente, um gênero de texto qualquer. Daí que nenhuma ação de linguagem acontece fora da textualidade. "Desde que ela exista, a comunicação se dá de forma textual" (Schmidt, 1978: 164). Na mesma direção, afirmou Marcuschi em uma de suas aulas: "No momento em que alguém abre a boca para falar, começa um texto".

Perde sentido, então, aquela perspectiva ascendente da linguagem, segundo a qual, primeiro, se aprendem as palavras, depois as frases, para enfim, se chegar ao texto. Todos os segmentos de nossa atividade de linguagem, desde os primeiros balbucios, são entendidos e classificados como partes funcionais de um todo integrado: o texto.

Fazer da textualidade o objeto de ensino não é, pois, ceder às teorias da moda, ou um jeito de — como dizem alguns — deixar as aulas mais motivadas, mais prazerosas, menos monótonas. É muito mais que isso: é uma questão de assumir a textualidade como o princípio que manifesta e que regula as atividades de linguagem.

Ocorre que essa textualidade não acontece de forma abstrata. Acontece sob a forma concreta de textos, linguística e socialmente tipificados, conforme veremos a seguir.

2.2 O conceito de texto

O mais consensual tem sido admitir que *um conjunto aleatório de palavras ou de frases não constitui um texto*. Mesmo intuitivamente, uma pessoa tem esse discernimento, até porque não é muito difícil tê-lo, uma vez que não andamos por aí esbarrando em *não textos*. Por mais que esteja fora dos padrões considerados cultos, eruditos ou edificantes, o que falamos ou escrevemos, em situações de comunicação, são *sempre* textos.

Também não é difícil explicitar essas intuições, se nos fixarmos na análise de como acontece a interação verbal entre as pessoas nas diferentes situações de sua vida social. Vamos tentar apresentar fundamentos teóricos dos pontos que pretendemos analisar, embora o façamos, neste ponto do livro, de uma forma muito sumária, uma vez que, nos sucessivos capítulos de análise, vamos desenvolvê-los um pouco mais.

2.2.1. Primeiramente, poderíamos começar por lembrar que recorremos a um texto quando temos alguma pretensão comunicativa e a queremos expressar. Oomen, conforme citação de Schmidt (1978: 167), afirma que "não se instaura um texto sem uma função comunicativa"; propõe ainda que o texto tem seu fluxo controlado pela respectiva função comunicativa que exerce.

Dessa forma, todo texto é a expressão de algum propósito comunicativo. Caracteriza-se, portanto, como uma atividade eminentemente funcional, no sentido de que a ele recorremos com uma finalidade, com um objetivo específico, nem que seja, simplesmente, para não ficarmos calados.

Assim, nada do que dizemos é destituído de uma intenção. O sentido do que dizemos aos outros é parte da expressão de um ou mais objetivos. Falamos com a intenção de "fazer algo". O sucesso de nossa atuação comunicativa está, sobretudo, na identificação dessa intenção por parte do interlocutor com quem interagimos. Por isso mesmo é que, no percurso da interação, vamos dando as instruções necessárias para que o outro vá fazendo, com eficácia, essa identificação. Como diz Schmidt (1978: 80), o texto é um "conjunto ordenado de instruções".

O princípio de que falamos *sempre* para cumprir determinado objetivo é sobejamente referido por todos os autores que se ocupam do texto. Por exemplo, Adam (2008: 107) declara que "o texto não é uma sequência de palavras, mas uma sequência de atos". Halliday e Hasan (1989: 52) definem texto como a "linguagem que é funcional. Por linguagem funcional, queremos referir aquela linguagem que cumpre alguma função em algum contexto". Na mesma linha, Schmidt (1978: 170) define o conceito de texto como "um conjunto-de-enunciados-em-função".

Consequentemente, todo texto é expressão de uma atividade social. Além de seus sentidos linguísticos, reveste-se de uma relevância sociocomunicativa, pois está sempre inserido, como parte constitutiva, em outras atividades do ser humano. Nas palavras de Marcuschi (2008: 23), "não existe um uso significativo da língua fora das inter-relações pessoais e sociais situadas".

Assim, compreender um texto é uma operação que vai além de seu aparato linguístico, pois se trata de um evento comunicativo em que operam, simultaneamente, ações linguísticas, sociais e cognitivas.

2.2.2. Um segundo aspecto que deriva desse primeiro ponto é o fato de que o texto, como expressão verbal de uma atividade social de comunicação, envolve, sempre, um parceiro, um interlocutor. Não, simplesmente, pelo fato de que temos uma companhia quando falamos e, assim, não o fazemos sozinhos. Mas, sobretudo, pelo fato de que construímos nossa expressão verbal *com o outro*, em parceria, a dois; de maneira que o texto vai tendo um fluxo conforme acontece a interação entre os atores da ação de linguagem.

Dizemos o que julgamos ser de interesse do outro escutar. Pressupomos esse interesse e arriscamo-nos a responder a ele. Daí o *dialogismo* reconhecido por Bakhtin (1995) como característica fundamental da linguagem. Não dizemos as coisas gratuitamente ou aleatoriamente. Esforçamo-nos, quase sem notar, para sermos, em cada contexto, relevantes, *dizendo o que supomos ser da necessidade, do interesse ou do gosto do outro.* Em última instância, é isto mesmo: não falamos sozinhos, no sentido de que o texto que construímos é *uma resposta* ao que supomos ser *a pergunta do outro.*

2.2.3. Um terceiro aspecto a se considerar sumariamente diz respeito ao fato de que o texto é caracterizado por uma *orientação temática;* quer dizer, *o texto se constrói a partir de um tema, de um tópico, de uma ideia central*, ou de um *núcleo semântico*, que lhe dá continuidade e unidade.

Para explicitar esse princípio (tão presente às nossas intuições), vejamos, por exemplo, as seguintes passagens, que têm, naturalmente caras de texto[1].

Religiosidade

Monstro planos sexo cantor pela denúncia de polêmico paguei fazer sobre pretendem enfermeira menino milhões presente viva-voz telefone estar risco com mercado o.
Computador completo ficar frontal você veloz se para esperar doméstico brincando mamífero moda.
Relógios cartas sobre expectativa inteiro promoção empregadas sabatina campanha novo queijo compra Brasil meninos.

[1] Criei essas passagens, simplesmente, juntando palavras e frases que fui recolhendo numa revista. Em contatos com professores e alunos, fui testando a estranheza que causava o 'sem sentido' de ambas as peças. As justificativas para a hipótese de que não constituíam textos centravam-se na "falta de uma unidade de sentido possível". É curioso que, durante muito tempo, os alunos fizeram atividades de formar frases soltas, sem que ninguém questionasse a distância entre isso e o exercício real da linguagem. É que, de fato, o texto não "estava previsto no programa".

Mamífero voraz

É preciso 100 pontos para ganhar um relógio de plástico. Teremos imenso prazer em lhe mostrar o nosso país. Já está nas lojas Tok & Stok a Linha Garden Verão 97. Dizia-se lá em casa que éramos de origem francesa. Tenho um pequeno museu em casa.
Seu próximo passo é ter um cartão com 6 meses de anuidade grátis.
— Jamais abandonarei a senhora.
Bom mesmo é viver numa cabana no meio do mato. O próprio banco ajuda a descobrir quais são os melhores produtos para montar sua carteira de investimentos.

Daria para perceber em alguma dessas passagens uma unidade semântica, ou reconhecer qualquer núcleo de sentido? Daria para dizer *sobre quê* é cada uma? Daria para fazer, a partir delas, um resumo, uma síntese? Alguém poderia reconhecer aí uma função comunicativa pertinente a determinado contexto?

Como se vê, são passagens construídas a partir de palavras ou de frases soltas, o que nos faz voltar aos termos com que iniciamos esta seção: *um conjunto aleatório de palavras ou de frases não constitui um texto.*

Com base nos pontos até aqui levantados, podemos recapitular em seguida o que tem sido proposto na linguística de texto como *as propriedades do texto*, ou seja, como *critérios* que nos permitem reconhecer *um conjunto de palavras como sendo um texto.*

Em síntese, a questão seria: *o que um conjunto de palavras precisa ter para funcionar e ser identificado como um texto*?

A resposta a essa questão já se encontra definida na literatura sobre a linguística de texto. Por exemplo, Beaugrande e Dressler (1981) propõem como propriedades ou critérios da textualidade: a coesão, a coerência, a intencionalidade, a aceitabilidade, a informatividade, a intertextualidade, a situacionalidade. São, na visão deles, sete propriedades, portanto.

Nos estudos que tenho feito, na sequência dessa e de outras propostas, optei por fazer uma pequena reordenação no quadro dessas sete propriedades, concedendo certa saliência àquelas propriedades que, mais diretamente, pertencem à construção mesma do texto. Assim, proponho, como *propriedades do texto*, a coesão, a coerência, a informatividade e a intertextualidade. Proponho, como *condições de efetivação do texto,* a intencionalidade[2], a aceitabilidade e a situacionalidade.

Para justificar essa reordenação, alego que a intencionalidade e a aceitabilidade remetem aos interlocutores e não ao texto propriamente. Quer dizer, pela intencionalidade, propõe-se que o interlocutor que fala se dispõe a dizer somente aquilo que tem sentido e é, portanto, coerente. Pela aceitabilidade, admite-se que o ouvinte, simultaneamente, empreende todo o esforço necessário para processar os sentidos e as intenções expressas. Como se vê, essas duas propriedades não são propriamente *do* texto. Embora lá se reflitam, remetem para a disponibilidade cooperativa das pessoas envolvidas na interação.

O mesmo cabe afirmar da *situacionalidade*: uma condição para que o texto — que é parte de uma atividade social — aconteça. Nenhum texto, como sabemos, ocorre no vazio, em abstrato, fora de um contexto sociocultural determinado. Todo ele está ancorado numa situação concreta ou, melhor dizendo, está inserido num contexto social qualquer. Uma conferência, por exemplo, é parte da programação de um evento e é por ela regulada em todos os detalhes. Uma simples conversa é parte de um relacionamento interpessoal que prevê variadas finalidades.

Essa inserção da linguagem em nossa atividade social é tão óbvia que até mesmo temos dificuldade de percebê-la. O absolutamente evidente é que falamos sempre em um lugar, onde acontece determinado evento social, e com a finalidade de, intervindo na condução desse evento, executar qualquer ato de linguagem: expor, defender ou refutar um ponto de vista, fazer um comentário,

[2] É muito comum o entendimento dessa *intencionalidade* como um conceito equivalente à questão das *intenções com que usamos a linguagem*. Não é bem assim. A intencionalidade de que se trata aqui *corresponde à disposição do falante de somente dizer coisas que têm sentido, que são coerentes*. A outra questão – a da 'intenção com que falamos' – tem a ver com a dimensão pragmático-funcional da linguagem, no sentido de que *todo ato de linguagem é um fazer, pois é carregado de uma intenção ou de uma finalidade*. São diferentes, pois, os dois conceitos. Para uma revisão desses e de outros conceitos da textualidade, sugiro a leitura de Costa Val (2000), bem como a de Antunes (2009).

dar uma justificativa, uma ordem, fazer o relato de um fato, convencer, expressar um sentimento, apresentar um plano, uma pessoa, um lugar, fazer uma proposta, ressaltar as qualidades de um produto, pedir ou oferecer ajuda, fazer um desabafo, defender-se, protestar, reivindicar, dar um parecer, sintetizar uma ideia, expor uma teoria; enfim, *fazemos, o dia todo e todos os dias, inúmeras ações de linguagem, cada uma, parte constitutiva de uma situação social qualquer.*

Em resumo, proponho para o texto, especificamente, as propriedades da coesão, da coerência, da informatividade e da intertextualidade[3]. As outras são condições fundamentais para que os textos se efetivem.

Retomando o absolutamente básico para a compreensão dessas quatro propriedades, lembramos os seguintes pontos[4]:

- a *coesão* concerne aos modos e recursos — gramaticais e lexicais — de inter-relação, de ligação, de encadeamento entre os vários segmentos (palavras, orações, períodos, parágrafos, blocos superparagráficos) do texto. Embora seus recursos transpareçam na superfície, a coesão se fundamenta nas relações de natureza semântica que ela cria e, ao mesmo tempo, sinaliza. Ou seja, pela coesão se promove a *continuidade* do texto que, por sua vez, é uma das condições de sua *unidade*;
- a *coerência* concerne a um outro tipo de encadeamento, o encadeamento de sentido, a convergência conceitual, aquela que confere ao texto *interpretabilidade* — local e global — e lhe dá a *unidade de sentido* que está subjacente à combinação linear e superficial dos elementos presentes ou pressupostos. A coerência vai além do componente propriamente linguístico da comunicação verbal,

[3] Sobre a coesão e a coerência, apresentei em *Lutar com palavras: coesão e coerência* (São Paulo: Parábola Editorial, 2005), além de explicações bem acessíveis, um farto conjunto de exemplos. Sobre as propriedades da intencionalidade e da aceitabilidade, sugiro a leitura do capítulo 4 de meu livro: *Língua, texto e ensino* (São Paulo: Parábola Editorial, 2009). Sobre a propriedade da informatividade, pode-se ver o capítulo 7 desse mesmo livro.

[4] Volto a justificar por que, neste ponto do livro, faço apenas uma sumária apresentação das propriedades do texto: nos capítulos destinados à análise, pretendo desenvolver com mais detalhe esses e outros pontos. Aqui, trago apenas o que considero essencial para a compreensão das questões.

ou seja, inclui outros fatores além daqueles puramente linguísticos, fatores que estão implicados na situação em que acontece a atuação verbal; daí que a coerência decorre não só dos traços linguísticos do texto, mas também de outros elementos constituintes da situação comunicativa;

- a *informatividade* concerne ao grau de *novidade*, de *imprevisibilidade* que, em um certo contexto comunicativo, o texto assume; concerne ainda ao efeito interpretativo que o caráter inesperado de tais novidades produz. Essa novidade decorre, portanto, da quebra do que era previsível, do que era esperado para aquela situação de comunicação, seja em relação a aspectos ligados à *forma* (decorrentes de maneiras diferentes de se dizer o já dito), seja em relação a aspectos ligados ao *conteúdo* (decorrentes de ideias e conceitos novos). De qualquer forma, todo texto, em alguma medida, comporta algum grau de informatividade. O contexto de uso é que determina um teor mais alto ou mais baixo de informatividade. Logo, nem sempre o texto melhor e mais adequado é aquele com um grau de informatividade mais alto. Os avisos, como: "Trânsito interrompido", "Devagar. Escola", "Reduza a velocidade" e outros semelhantes são de baixa informatividade, mas, por isso mesmo, é que são adequados ao seu contexto de funcionamento;
- a *intertextualidade* concerne ao recurso de *inserção, de entrada,* em um texto particular, de *outro(s) texto(s)* já em circulação. Na verdade, todo texto é um intertexto — dizem os especialistas — no sentido de que sempre se parte de modelos, de conceitos, de crenças, de informações já veiculados em outras interações anteriores. Ou seja, dada a própria natureza do processo comunicativo, todo texto contém *outros textos prévios,* ainda que não se tenha inteira consciência disso. Mas há uma intertextualidade explícita, que tem lugar quando citamos ou fazemos referência direta ao que está dito em outro texto, por outra pessoa.

Nesse caso, a intertextualidade assume um aspecto dinâmico, na medida em que significa mais do que o simples trânsito do outro texto ou da outra voz. Quem recorre à palavra do outro, o faz ou para apoiar-se nessa palavra, ou para confirmá-la ou para refutá-la. Ou seja, o recurso à palavra do outro responde sempre a alguma estratégia argumentativa[5].

De qualquer forma, propriedades e condições devem centralizar os estudos e as análises que fazemos em torno do texto. É fundamental ampliar nosso repertório acerca do que procurar ver nesses materiais. Quando falta uma visão clara dos elementos que são necessários para se constituir um texto (e é muito provável que tais elementos faltem para muitos professores!), vamos a ele, simplesmente, para reconhecer classes e categorias da gramática, sem que procuremos averiguar em que tais classes e categorias intervêm para fazer, daquele conjunto de palavras, uma unidade de sentido comunicativamente funcional[6].

[5] É de grande relevância a consulta à obra de Koch *et al.*, intitulada *Intertextualidade – diálogos possíveis*. São Paulo: Cortez Editora, 2007. Além de considerações teóricas, as autoras apresentam fartos exemplos de gêneros textuais, onde são explorados diferentes aspectos da intertextualidade.

[6] Minha pretensão com este livro é, exatamente, oferecer elementos para que os professores possam ampliar essa compreensão *do que é um texto* e possam, assim, intervir no desenvolvimento da competência dos alunos para a produção, recepção e análise de textos de forma relevante e significativa.

Mesmo numa abordagem sumária como esta, dá para perceber que um texto não se constitui apenas de elementos gramaticais e lexicais. O texto é um traçado que envolve material linguístico, faculdades e operações cognitivas, além de diferentes fatores de ordem pragmática ou contextual.

Possivelmente, uma das maiores limitações que tem acontecido em nossas aulas de línguas tem sido a pressuposição ingênua de que um texto resulta apenas de um conjunto de elementos linguísticos. Ou seja, nessa suposição reduzida, as palavras bastam; a gramática basta. Por isso, ficamos tateando por sobre elas, como se todo o sentido expresso estivesse na cadeia dessas palavras e na sua gramática de composição.

O conjunto de propriedades que mencionamos possibilita-nos olhar para o texto — seja do aluno, seja de um outro autor — e perceber aí, por exemplo:

- recursos de sua coesão,
- fatores (explícitos e implícitos) de sua coerência (linguística e pragmática),
- pistas de sua concentração temática,
- aspectos de sua relevância sociocomunicativa,
- traços de intertextualidade,
- critérios de escolha das palavras;
- sinais das intenções pretendidas,
- marcas da posição do autor em relação ao que é dito,
- estratégias de argumentação ou de convencimento,
- efeitos de sentido decorrentes de um jogo qualquer de palavras,
- adequação do estilo e do nível de linguagem, entre muitos outros elementos.

O fato de apenas nos fixarmos em questões de gramática, sobretudo naquelas ligadas à norma-padrão, nos fez deixar de ver muitos outros componentes também fundamentais para a comunicação relevante[7] e adequada socialmente. É hora, portanto, de abrir nossa capacidade de percepção e de procurar encontrar nos materiais que lemos e ouvimos traços de sua coerência global e de sua funcionalidade comunicativa.

2.2.4. Merecem um comentário também dois aspectos do texto:

(a) a modalidade — falada ou escrita;

(b) e a extensão em que ele se realiza.

É comum, até mesmo entre alguns professores, a impressão de que *a fala não é textual;* ou seja, *texto é apenas o escrito.* Daí, uma outra suposição: a de que a língua falada não é regulada pela gramática. A fala seria qualquer coisa fora das normas morfossintáticas. Algo meio caótico. As regras — e muitas! — seriam privativas da escrita; por isso, elas é que serviriam de parâmetro para a avaliação da fala. Há quem acredite que *fala bem,* em qualquer situação, *quem fala conforme a escrita correta.*

Outra compreensão *infundada* diz respeito à crença de que *o texto, para ser reconhecido como tal, tem que ser grande.* Ora,

[7] Frequentemente, falo em 'textos relevantes e adequados'. É que, ao lado da coerência, dois outros critérios são fundamentais para emprestar qualidade aos textos, a saber: *sua relevância* – o texto deve fugir a obviedades e ao já sabido – e *sua adequação contextual* – o texto deve conformar-se às condições da situação social de que faz parte. Dessa forma, *são bons textos aqueles que apresentam coerência, relevância comunicativa e adequação contextual.* Nesse tripé, cabem todas as outras propriedades, inclusivamente a coesão e a correção gramatical.

texto é qualquer passagem, *de qualquer extensão*, desde que constitua um todo unificado e cumpra uma determinada função comunicativa.

Na verdade, essa compreensão não é tão *infundada* assim, pois pode ter como suporte a tradicional diferenciação, feita em quase todas as gramáticas e manuais didáticos, entre *oração* e *frase*. Segundo essa discriminação, por exemplo, o pedido de auxílio feito por alguém, mediante o grito *Socorro!*, mesmo numa situação comunicativa concreta, é classificado como frase. Assim, também, os avisos: *Atenção, desvio à esquerda!; Curva perigosa; Propriedade privada* e tantos outros exemplares do que Halliday e Hasan (1989) chamaram de "textos mínimos"[8].

[8] Halliday e Hasan (1989) chamam a atenção para esse tipo de textos ("os textos mínimos"), absolutamente funcionais, e curtos, porque adequados a seus contextos de circulação. Pela funcionalidade que apresentam, tornaram-se comuns às transações sociais, sobretudo na complexidade dos contextos urbanos. Por sua dimensão assim reduzida, bem que poderiam prestar-se a atividades de linguagem nas primeiras séries do ensino fundamental. Assim, seriam deixados de lado os exercícios com frases inventadas e fora de qualquer contexto comunicativo.

Como se vê, as funções implicadas nesses enunciados não contavam e, assim, aquilo que, de fato, constituía um texto era visto como uma frase. O texto — inclusivamente aquele de geografia, biologia, história, que os alunos liam — se localizava fora da sala e, portanto, não era considerado objeto de estudo.

A centralização na frase levou a escola a outra redução: a de conceber o texto como uma espécie de super-sentença, algo como uma unidade gramatical mais ampla, uma espécie de período grande, que se forma juntando-se unidades menores, em vistas à formação de uma unidade maior.

Compor um texto, conferir-lhe unidade, supõe uma integração estrutural bem diferente daquela pensada para unir as várias partes de um período. Desde a configuração convencionada para cada gênero, até os detalhes de como responder às determinações pragmáticas de cada situação, a habilidade de promover a sequenciação das partes de um texto ultrapassa as injunções estabelecidas pelas estruturas gramaticais. Depende do que se tem a dizer, a quem dizer, com que finalidade, com que precauções, em função de quais resultados etc.

Ninguém aprende, pois, a ler ou a escrever cartas, por exemplo, com o exercício de analisar e compor frases, nem mesmo aquelas mais complexas, assim como, para aprender a falar, não treinamos, como iniciação, a junção de palavras ou de frases. As leis do texto são outras e, embora sejam previsíveis, estão sujeitas às condições concretas de cada situação. Noutras palavras, o mais previsível para o texto é que sua coerência e relevância sociocomunicativa são dependências contextuais, e muito do que deve ser dito e feito vai sendo decidido na hora mesma de sua realização.

Essas observações não significam que não estejam definidos os termos ou as condições de *uma competência textual.* Já mostramos, nas referências às propriedades e condições da textualidade, o que é requisitado para que se constitua o objeto *texto.* Queremos chamar a atenção, no entanto, é para a natureza dessa competência, que é bem diferente daquelas estabelecidas para o nível da oração ou do período. Em termos bem simples, queremos ressaltar que, para compor um texto, as regras da boa formação de orações e períodos são insuficientes, embora um texto — que não aqueles textos mínimos compostos de uma ou duas palavras — seja formado com orações e períodos. Assim, o texto, suas leis, suas regularidades de funcionamento, seus critérios de sequenciação e boa composição precisam ser *o centro dos programas de ensino de línguas, se pretendemos, de fato, promover a competência das pessoas para a multiplicidade de eventos da interação social.*

Insisto em lembrar que, tradicionalmente, temos olhado o texto como uma criação puramente linguística, formada com palavras, apenas — de diferentes classes gramaticais —, reunidas, conforme certas regras sintáticas, em orações e períodos. Tem toda relevância, portanto, ressaltar que a construção e a compreensão dos sentidos expressos resultam de *vários sistemas de conhecimento* e *de várias estratégias de processamento.* O conhecimento do sistema linguístico, se é necessário, não é, contudo, suficiente para dar conta de todas as operações que precisam ser feitas. Pretendemos com essa observação advertir os professores contra *uma visão demasiado linguística da comunicação verbal*. O êxito de uma transação verbal resulta de uma série de fatores, que se inter-relacionam e se integram em sistemas amplos e complexos.

Ou seja — como temos mostrado em outras oportunidades — para o processamento textual, em hora de fala ou de escrita, de escuta ou de leitura, ativamos quatro grandes conjuntos de conhecimento, a saber:

(a) *o conhecimento linguístico* (compreendendo aqui o *lexical* e o *gramatical*);
(b) *o conhecimento de mundo*, o *conhecimento geral*, ou o que se conhece com o nome de 'conhecimento enciclopédico' (que inclui *os protótipos*, *os esquemas*, *os cenários*, ou *os modelos de eventos e episódios em vigor nos grupos a que pertencemos)*;
(c) o conhecimento referente a *modelos globais de texto* (que inclui as regularidades de construção dos *tipos* e *gêneros*);
(d) o conhecimento sociointeracional, ou *o conhecimento sobre as ações verbais* (que inclui o saber acerca da realização social das ações verbais ou de como as pessoas devem se comportar para interagir em diferentes situações sociais).

Numa visão bem ampla, esses sistemas de conhecimento envolvem o conhecimento das operações cognitivas, das estratégias e dos procedimentos que fazem *a rotina das pessoas em seus eventos de interação verbal*.

Desse pequeno esquema, pode-se concluir que um programa de ensino de línguas restrito às classes de palavras e às suas funções sintáticas é, incontestavelmente, pobre e irrelevante.

Talvez por isso os resultados de nossas aulas de línguas não tenham convencido a sociedade de que *o professor de línguas — sobretudo o professor de língua materna — é uma figura muito significativa* para a elevação dos padrões de desenvolvimento da sociedade. As imensas desigualdades sociais que marcam a realidade brasileira têm um grande reforço na escola que não alfabetiza, na escola que não forma leitores críticos, na escola que não desenvolve o poder de argumentar — oralmente e por escrito — de criar, de colher, de analisar e relacionar dados, de expressar, em prosa e em verso, os sentidos culturais em circulação.

Mesmo sabendo da não onipotência da escola, acreditamos que sua atuação constitui um fator de grande peso na resolução dos problemas sociais de uma comunidade e na sua ascensão a níveis mais altos de realização humana.

Representa muito pouco, na economia dos valores sociais e éticos, centrar-se na discriminação de classes e categorias gramaticais.

Infelizmente, ainda é preciso fazer esse alerta.

2.2.5. Na alínea (c) do esquema apresentado, fizemos menção ao 'conhecimento referente a *modelos globais de texto* (que inclui as regularidades de construção dos *tipos* e *gêneros*)'[9].

Noções relativas a essa questão dos *tipos* e *gêneros textuais* têm ganhado espaço nos estudos e nas pesquisas sobre a linguagem, sobretudo no âmbito dos programas de pós-graduação. Muitas dissertações e teses têm se debruçado sobre tais questões e têm proposto alternativas de incluí-las nas programações de ensino. Também alguns manuais didáticos — principalmente aqueles destinados ao ensino médio — já exploram tais aspectos do mundo textual[10].

De fato, entendendo que a ampliação da competência textual dos alunos representa um dos objetivos centrais do ensino, é necessário ultrapassar o nível das considerações teóricas para chegarmos ao campo concreto das ações de linguagem. Nesse campo, o que existe é *o gênero de texto*; quer dizer, no âmbito das atividades concretas de linguagem, o que temos são os gêneros: crônicas, contos, poemas, cartas, avisos, entrevistas, anúncios, declarações, atestados, atas, editoriais, notícias, artigos, notas de esclarecimento etc.

[9] Conforme já adverti, limito-me, neste ponto do trabalho, a trazer noções bem gerais acerca do ponto em questão, uma vez que, nos capítulos seguintes, destinados às análises, retomo tais pontos, embora o faça de forma não muito aprofundada. A questão dos gêneros textuais é demasiado complexa e exigiria um espaço que a natureza deste trabalho não permite. Sugerimos, no entanto, aos professores que procurem ampliar o estudo da questão (leiam, por exemplo, a segunda parte do livro de Marcuschi, 2008).

[10] Propostas de exploração dos gêneros textuais em atividades de ensino podem ser vistas em Oliveira (2010), Antunes (2009), Moço (2009), Marcuschi (2008), Guedes (2008), Schneuwly e Dolz (2004), Costa (2000, 2008), Dionísio *et al.* (orgs.) (2010), Faraco e Tezza (2002). Alguns livros didáticos também já exploram a questão dos gêneros [ver, por exemplo, Faraco (2003), Faraco & Tezza (2002, 2003); Abaurre *et al.* (2008)].

Na verdade, o que temos mesmo são *textos em classes de gêneros*, uma vez que, por exemplo, dentro do gênero carta, temos diferentes perfis, conforme também diferentes propósitos: carta de apresentação, de convite, de cobrança, de solicitação, de agradecimento, de congratulação etc.

De qualquer forma, é relevante lembrar que todos os gêneros correspondem a modelos convencionais de comunicação, socialmente estabelecidos (nunca, porém, modelos rígidos!), os quais regulam nossa atividade social de uso da linguagem. Compor um texto, assim, corresponde a uma operação de cumprir um certo modelo textual, e, por outro lado, compreender um texto supõe o enquadramento desse texto em determinado gênero. Daí por que, em geral, frente à tarefa de produzir um determinado gênero, seguimos, praticamente, o mesmo modelo. Uma carta que escrevemos, por exemplo, tem a mesma cara que a de outros de nosso grupo, de nosso tempo. Por outro lado, o entendimento do gênero textual é, à partida, condição de sua interpretabilidade. Uma historinha que tem o seguinte começo: *Tudo aconteceu no tempo em que os bichos falavam...* já regula a sua compreensão, no sentido de que traz as marcas convencionais do quadro em que deve ser percebido: uma narrativa de ficção.

Em geral, os diferentes contextos sociais — os chamados *domínios discursivos* — são marcados por determinadas rotinas comunicativas, pois, costumeiramente, utilizam um mesmo conjunto de gêneros. Assim, o domínio jurídico, o domínio jornalístico, o domínio religioso, entre outros, costumam servir-se dos mesmos gêneros, dentro, é claro, da natural flexibilidade que a prática da linguagem implica.

A questão dos *tipos de texto* é mais simples, pois está menos sujeita a fatores de ordem pragmática do que os gêneros. De fato, os tipos são marcados por características linguísticas e estruturais, como, por exemplo, o modo de seleção lexical, a escolha dos tempos verbais. Distribuem-se em cinco categorias, ou seja: os tipos narrativo, descritivo, expositivo, dissertativo e injuntivo. Cada um desses tipos pode acontecer na composição de diferentes gêneros. Por exemplo, no tipo narrativo, se inserem os gêneros notícias, fábulas, contos, romances, crônicas etc.

Vale advertir, no entanto, que um mesmo texto pode conter sequências narrativas e descritivas, ou um outro, sequências expositivas e descritivas etc. De qualquer forma, todo texto é regulado por determinações do tipo e do gênero que realizam. É a convicção desse princípio que nos faz perguntar, por exemplo, diante de uma situação concreta de comunicação: *como é que se faz uma notícia? Como se faz um requerimento?*

Convém advertir ainda que os tipos e gêneros não são categorias dicotômicas, antagônicas; mantêm uma relação complementar, no sentido de que "os textos realizam gêneros e todos os gêneros realizam sequências tipológicas diversificadas", segundo observação de Marcuschi (2008: 160).

Mais uma vez parece oportuno lembrar a pertinência de uma programação de estudo centrada nas questões textuais. O exercício de formar frases serve para isso mesmo: *aprender a formar frases soltas*, o que equivale a atrofiar o conhecimento explícito do que se deve fazer para interagir verbalmente. Eleger o funcionamento da linguagem — que somente acontece em textos — como uma das prioridades do estudo significa promover a possibilidade da efetiva participação da pessoa, como indivíduo, cidadão e trabalhador.

Os cacos da vida, colados, formam uma estranha xícara.
Sem uso,
Ela nos espia do aparador.
(Drummond, *Poemas*)

Capítulo 3

Questões envolvidas na análise de textos

Tenho referido as naturais dificuldades presentes na análise de textos, exatamente porque a tarefa de 'analisar' implica 'separar os elementos' de um conjunto, e, em um texto, nada é separável totalmente. Tudo está intimamente entrelaçado e se interdepende. Uma questãozinha que parece ser só de gramática pode estar inteiramente relacionada com o entendimento global do que é dito. De maneira que vale a pena não perder de vista, em qualquer momento, *a relação de cada recurso com a visão de conjunto do texto*. Embora se possa focalizar um ou outro aspecto particular, o foco do entendimento deve ser essa dimensão global. É que, no fundo, nada no texto é absolutamente particular, no sentido de que cada unidade constitui um elo do sentido maior expresso pelo todo.

Consciente, pois, desses limites (*os elementos de construção de um texto são inseparáveis*) e dessa possibilidade (*o particular pode ser visto em função do global*), consentimos em desenvolver algumas questões pertinentes à análise de textos e, em capítulos seguintes, apresentar alguns exemplos dessas análises.

3.1 Por que analisar textos?

Tenho insistido na irrelevância de um ensino centrado na análise de frases e de pares de frases soltas. Não sem razão: é consensual, no âmbito da linguística de texto, o princípio de que *muitos fatos da língua, sobretudo aqueles relativos a seu funcionamento, não cabem nos limites da frase*. Basta citar os recursos da coesão, os quais ultrapassam, quase sempre, a fronteira sintática da frase e, até mesmo, de pares de frases.

De fato, somente no texto é possível encontrar justificativa relevante para, por exemplo, a escolha dos artigos (definido ou indefinido), das expressões dêiticas (de pessoa, tempo e lugar), para a compreensão de relações semânticas entre frases encadeadas sem a presença de conectivos explícitos; para as propriedades referenciais de substantivos e pronomes, sem falar nas muitas funções textuais e discursivas da repetição de uma palavra ou da substituição de uma por outra equivalente.

Enfim, a frase — como unidade isolada — é bastante limitada. É um recorte, uma espécie de fragmento de um hipotético contexto. Como tal, não deixa ver a imensa complexidade do funcionamento sociocomunicativo da linguagem. Mesmo aquela frase retirada de um texto representa muito pouco, se não é vista enquanto parte constitutiva desse mesmo texto. No momento em que se isola a frase, ela perde suas amarras com o quadro conceitual, referencial e discursivo de que faz parte. Perde, portanto, seu sentido maior. Como muito bem diz Marcos Bagno (2009: 119):

> Arrancar a frase do texto para tentar analisá-la isoladamente seria o mesmo que arrancar um tijolo de um edifício completo e analisar esse tijolo em seus aspectos materiais (peso, largura, comprimento, composição química...) sem levar em consideração o papel que ele desempenha nesse edifício, em que posição ele se encontra com relação aos demais tijolos, quanto peso ele suporta e por aí vai...

Já é tempo, portanto, de deixar de lado a prática tão comum da análise de frases soltas, inventadas; frases artificiais, sem contextos reais, exatamente ao contrário do que acontece quando falamos ou ouvimos, escrevemos ou lemos[1].

No capítulo anterior, abordei a questão das diferenças entre *texto e frase*, enfatizando que o texto não é uma frase grande, uma frase de maior dimensão, uma frase estendida. As regras que especificam a formação de frases são limitadas e são apenas de ordem sintático-semântica, uma vez que não envolvem as determinações decorrentes dos muitos fatores pragmáticos presentes num contexto social de comunicação. É possível prever, por exemplo, o conjunto de estruturas de frases aceito pela gramática de uma língua. Mas o conjunto de textos possíveis numa língua é praticamente imprevisível, dada a sempre imensa heterogeneidade de contextos e de funções que, em cada instância, podem provocar o surgimento do 'novo' e do 'inusitado', apesar dos esquemas de coerção a que a interação verbal não pode fugir de todo. É por isso que, em se tratando de texto, é mais acertado falar em 'regularidades' do que em 'regras'.

Um texto, também, difere de *um conjunto de frases* porque, neste espaço, qualquer frase pode seguir-se a qualquer outra. A ordem em que elas aprecem não afeta em nada o sentido do conjunto, uma vez que não há exigências de continuidade ou restrições contextuais. No âmbito do texto, ao contrário, temos que assegurar uma sequência da qual resulte a unidade, a coerência, linguística e pragmática, pretendida. Por vezes, uma palavra que aparece no primeiro parágrafo já aponta para a direção argumentativa assumida e, assim, condiciona o sentido de uma outra que consta bem mais adiante.

Um aluno (mesmo já adulto) treinado em formar frases — competência que ele adquiriu na escola, e que não serve em

[1] Parece que estou insistindo numa questão já sabida de todos, ou trazendo uma espécie de "chuva no molhado". Parece, apenas, pois, quando vejo certas atividades que, ainda agora, frequentemente, são propostas nas escolas, fico com a certeza de que ainda é preciso voltar a insistir, a argumentar em favor do texto. Não é analisando frases que desenvolvemos nossas competências para receber e produzir, de forma compreensiva e relevante, textos de diferentes gêneros, tamanhos e complexidades.

nenhum outro lugar social —, quando solicitado a fazer um texto, acaba por escrever uma série de frases soltas, encadeadas apenas por centrarem-se no mesmo tema, como se pode ver em seguida[2].

[2] Esse texto foi-me dado por uma professora que o recolheu, em 1987, em um curso de educação de jovens e adultos, que acontecia numa escola situada na área metropolitana do Recife.

A escola

A Escola e grande
a escola e branca
a escola e muito boa
a escola e boa
e na esca que nos apremdemos
E na escola que no ficamos inteligente
E na escola que nos mudamos e
a escola e muito enportante
E na escola que nos aprendemos o educação
sinão focê a escola nos não sabia dinada
na escola eu fendo aminha patria
na escola eu aprendi muita coisa
a escola tem tudo.

Se examinarmos bem, podemos constatar que a ordem em que cada frase aparece não importa para o entendimento do todo. Poderíamos alterar sua sequência; poderíamos começar do fim. Não haveria problema. Estamos, apenas, diante de um conjunto de frases soltas, com as quais alguém pensou estar fazendo um texto. Na verdade, esse 'alguém' está apenas demonstrando que aprendeu a fazer o que lhe foi reiteradamente ensinado, mesmo em poucos anos de escola, embora não tenha podido perceber que essa aprendizagem carece, inteiramente, de relevância comunicativa e social.

O texto é diferente da frase; é diferente de um conjunto de frases. Exige um estudo específico.

3.2 O que é que se faz quando se analisa um texto?

Uma consulta ao dicionário *Aurélio* nos dá conta de que a palavra 'análise', entre outros sentidos, significa:

> Decomposição de um todo em suas partes constituintes: *análise de uma amostra de minério; análise de um organograma.* **Exame de cada parte de um todo, tendo em vista conhecer sua natureza, suas proporções, sua funções, suas relações** etc. (destaque nosso) (p. 91).

Pois bem: analisar textos é procurar descobrir, entre outros pontos, seu esquema de composição; sua orientação temática, seu propósito comunicativo; é procurar identificar suas partes constituintes; as funções pretendidas para cada uma delas, as relações que guardam entre si e com elementos da situação, os efeitos de sentido decorrentes de escolhas lexicais e de recursos sintáticos. É procurar descobrir o conjunto de suas regularidades, daquilo que costuma ocorrer na sua produção e circulação, apesar da imensa diversidade de gêneros, propósitos, formatos, suportes em que eles podem acontecer.

O exame de tais regularidades é que nos permite levantar expectativas e construir modelos de como os textos são construídos e funcionam. O conhecimento desses modelos é fundamental para a ampliação de nossas competências comunicativas, uma vez que — insisto — somente nos comunicamos através de textos, nem que eles tenham apenas uma palavra.

Vale advertir que buscar descobrir essas regularidades textuais é mais do que perguntar sobre "o que diz o autor". É, além disso, perguntar como é dito o que é dito, com que recursos lexicais e gramaticais, com que estratégias discursivas, quando e por que é dito, para quem e para provocar que efeitos, implícita e explicitamente. É muitíssimo mais, ainda, que identificar as classes gramaticais de palavras, ou a função sintática de determinados termos, sobretudo quando isso é feito sem referência aos sentidos expressos no texto.

Assim, *o que as pessoas fazem, o que podem fazer com a linguagem* — inevitavelmente, em textos — é que é a grande questão. Em função disso é que existem as palavras, não importam os nomes e as classificações que tenham.

3.3 Com que finalidades se deve fazer a análise de textos?

Na terminologia escolar do ensino de português, tornou-se comum a expressão *interpretação de texto*, fruto de uma prática de análise que consta logo a seguir aos textos que compõem cada unidade do livro didático, como já referimos. Em geral, essa análise é feita segundo uma espécie de roteiro, materializado em perguntas de diferentes espécies e finalidades.

Nesses exercícios, é possível encontrar de tudo: desde perguntas de mera localização de informações explícitas — cujas respostas são de inteira obviedade —, até aquelas que, para serem respondidas, independem da leitura do texto. Além disso, é possível encontrar também — sobretudo em manuais mais recentes — solicitações de atividades que exploram habilidades mais complexas de leitura, como, por exemplo, aquelas ligadas às estratégias de interpretação por inferência ou por outro tipo de implícito.

O fato de esses exercícios de interpretação constarem, praticamente, depois de todos os textos e a forma meio mecânica com que eles têm sido vivenciados provocaram uma espécie de desgaste da atividade, de maneira que os exercícios de interpretação passaram a significar uma atividade meio simplista de encontrar respostas para um conjunto de perguntas. As estratégias bem complexas de *compreender* um texto, de lograr alcançar o "miolo" de seus sentidos e intenções deixam, quase sempre, de ser desenvolvidas. Todos conhecemos a prática tão comum nas escolas de "gramaticalizar" o texto, no sentido de tomá-lo, simplesmente, como um conjunto de unidades gramaticais, cujas classes e funções precisam ser identificadas. Por isso, parece-nos pertinente pensar um pouco sobre as finalidades de analisar textos. É o que faremos a seguir.

Em termos bem gerais, objetivamos promover o desenvolvimento de diferentes competências comunicativas. Em termos mais específicos, objetivamos ampliar nossas capacidades de compreensão, nosso entendimento do que fazemos quando nos dispomos a processar as informações que ouvimos ou lemos.

Em síntese, com a análise de textos, pretendemos desenvolver nossa capacidade de perceber as propriedades, as estratégias, os meios, os recursos, os efeitos, enfim, as regularidades implicadas no funcionamento da língua em processos comunicativos de sociedades concretas, o que envolve a produção e a circulação de todos os tipos de "textos-em-função".

A própria atividade de análise — reiterada e consistente — é fundamental para desenvolver nossa capacidade de perceber, de enxergar, de identificar os fenômenos ou os fatos que ocorrem nos textos. Evidentemente, nossas atividades de fala ou de escrita também ganham com a prática da análise, pois, por ela, passamos a entender melhor certos aspectos dos processos cognitivos, linguísticos, textuais e pragmáticos envolvidos em nossas interações verbais.

Assim é que podemos propor, como finalidades da análise em questão, o desenvolvimento de:

- competências para a compreensão;
- competências para a análise e, meio indiretamente,
- competências para os usos da fala e da escrita.

Como se pode ver, os objetivos implicados na prática da análise de textos são bem amplos e funcionais. Insisto: ultrapassam a descoberta de categorias gramaticais e sintáticas, simplesmente[3]. Orientam-se, como apontei acima, para o desenvolvimento de diferentes competências.

[3] Em meus livros, dou exemplos de algumas atividades de análise de texto que se situam, exatamente, nesse patamar reduzido e simplista de "apontar a classe gramatical, a função sintática, o número de sílabas de uma palavra, ou sua classificação quanto à localização da sílaba tônica". Todo o empenho necessário para o êxito do processo de compreensão do texto é esquecido. Nessas análises, a gramática parece ser suficiente. Marcos Bagno (2009: 166-168) conclui sobre o que seria o ensino dessa gramática suficiente — que não deve acontecer na escola — por oposição à educação linguística, que deve preencher os objetivos de qualquer ensino de língua. Sobre o que é educação linguística e seus desdobramentos, ver, no mesmo livro, p. 155-165; ver ainda Bortoni-Ricardo (2004).

De fato não parece haver outro caminho senão o da competência. As exigências atuais, muito mais que noutras épocas, recaem sobre pessoas capazes de atuarem socialmente, com versatilidade, com criatividade, com fluência, com desenvoltura, com clareza e consistência, na discussão, na análise e na condução das mais diferentes situações sociais — do espaço familiar ao espaço do trabalho. Isso desloca, necessariamente, os objetivos do ensino da língua na direção da reflexão investigadora, da análise dos usos sociais da língua — escrita e falada, verbal e multimodal — e da aplicabilidade relevante do que se ensina, do que se aprende.

Nessa perspectiva, cresce o significado do interesse pela análise, pelas perguntas, pelas hipóteses, muito mais do que pelas respostas. Tivemos (ou, temos?) uma prática pedagógica baseada em *certezas* irrefutáveis; sem sombra de dúvidas. Nem sequer admitíamos um *depende*: a resposta era sempre em termos de um sim ou de um não categórico; um certo ou um errado definitivo.

A finalidade da análise, portanto, é promover esse estado de pergunta, de busca; esse querer ver, mais por dentro, a engrenagem de funcionamento da linguagem. Nessa direção, não há outro jeito: vamos chegar ao texto.

3.4 Que textos analisar?

Como resposta a essa pergunta, só nos cabe dizer:

> *todos os textos, de qualquer tipo ou gênero, de qualquer tamanho ou função, textos verbais (orais ou escritos) e não verbais e textos multimodais (imagens, charges, histórias em quadrinhos, gráficos, tabelas, mapas) podem ser objeto de análise.*

Evidentemente, a escolha desse material se prende a determinadas circunstâncias, como, por exemplo, o tipo ou o gênero em estudo ou alguma particularidade relacionada a um deles. De qualquer forma, a motivação da escolha deve ser, sobretudo, a análise de aspectos pertinentes à natureza, à função, à construção do texto.

Vale, no entanto, apontar alguns cuidados que devem ser tomados quanto a essa escolha do material a ser objeto de análise.

No que se refere à oralidade, deve ser de interesse da escola promover diferentes situações de interação, com distintas finalidades e destinadas a grupos variados de interlocutores (ora muitos, ora poucos), do mesmo ou de outros grupos. Na verdade, a escola deve assegurar ao aluno a convivência com a diversidade de intervenções e de contextos da *comunicação oral pública*, para que ele possa ultrapassar a simples oralidade da conversa informal entre pares do mesmo grupo social.

Nessa perspectiva, cabem as iniciativas para promover atividades que ponham o aluno em contato real com gêneros orais mais complexos e formais como: debate, seminário, apresentação de trabalhos em grupo, defesa ou justificativa de pontos de vista, de propostas, exposição de pontos teóricos ou de ideias, entrevista, apresentação de pessoas, de programas, de eventos etc. São situações que exploram não apenas as competências do aluno para o planejamento e a condução de um evento comunicativo como também as competências para a escuta e a participação colaborativa e relevante em grupos.

A análise de textos orais deve ter, portanto, um largo espaço nas atividades de sala de aula. Em geral, a escola tem providenciado poucas oportunidades de reflexão e de estudo a partir de atividades orais. A escola parece afinar com a impressão ingênua de muitos que imaginam ser a oralidade livre de qualquer coerção e, portanto, não requerer qualquer empenho de estudo ou aprimoramento.

Em se tratando da análise de materiais escritos, vale recomendar que os textos:

- sejam adequados, quanto à temática, à estruturação linguística e ao tamanho, à faixa etária dos alunos;
- remetam para diferentes contextos geográficos e culturais, não se limitando, portanto, a informações ou dados

[4] A análise dos livros didáticos tem evidenciado que pouco se fala ou muito pouco se mostra da vida nas pequenas cidades ou no meio rural. Pior: em geral, quando aparecem cenas ou personagens da realidade do campo, se recorre a figuras ou imagens folclóricas, simplistas, caricaturais e, muitas vezes, cheias de visões preconceituosas lá embutidas. Chico Bento que o diga!

específicos de uma determinada região ou de um determinado grupo; nessa mesma linha, é recomendável a escolha de textos que explorem também a realidade do mundo rural[4];

- procedam de campos sociais diferentes, tais como: ciência, arte, política, religião, economia, trabalho, entretenimento, informação, publicidade, literatura — em prosa e em verso — e, assim, tenham como suportes o jornal, a revista, o fôlder, o livro, a enciclopédia, o formulário, o livro de literatura, o folheto de cordel, o cartaz, entre outros;
- revelem a diversidade de gêneros em circulação nos diferentes grupos sociais, como: editoriais, artigos de opinião, exposições de divulgação científica, notícias, notas de esclarecimento, trechos de reportagens, trechos de entrevistas, anúncios, avisos, cartas, convites, declarações, contos, fábulas, crônicas, poemas, histórias em quadrinhos, tiras, charges, cartuns, gráficos, para citar apenas esses;
- sejam representativos de diferentes dialetos regionais e sociais (prestigiados e estigmatizados) e de diferentes registros (na escala do mais formal até o mais informal);
- sejam diversificados quanto à sua forma de apresentação e, dessa maneira, explorem diferentes recursos visuais (imagens, fotos, figuras, desenhos de variados tipos, tamanhos, cores e formatos de letras);
- sejam diversificados, ainda, quanto a seu tamanho e a seu grau de complexidade (os alunos não podem ficar limitados à leitura de textos curtos ou mais simples);
- preservem a unidade de sentido e a relevância do conteúdo, no caso de sofrerem adaptações ou supressões;
- indiquem os elementos de seu contexto de produção, tais como autoria, suporte, lugar e época de publicação;
- quando for pertinente, preservem a forma gráfica do suporte original.

3.5 Que elementos analisar?

Grosso modo, podemos dizer que *tudo* pode ser analisado em textos. De fato, neles toda a língua, em suas múltiplas dimensões, pode estar presente. Evidentemente, um determinado texto não abarca *todos* os fatos linguísticos e todos os aspectos responsáveis por sua funcionalidade sociointerativa. Contudo — repito — *os textos são o campo natural para a análise de todos os fenômenos da comunicação humana. Neles é que os aspectos da produção e da recepção de nossas atuações verbais se tornam acessíveis à observação.*

Essa abertura de possibilidades não implica que, metodologicamente, não escolhamos um recorte entre as questões analisáveis. O "tudo" que é possível ver em textos será desapontador e improdutivo se não for submetido a um determinado recorte em torno daqueles fenômenos a serem observados e descritos.

No entanto, vale a pena chamar a atenção para o ponto a partir do qual é feito esse recorte: que o texto — como tem acontecido tradicionalmente — não seja reduzido a um campo de exemplificação de uma certa questão gramatical; por exemplo, o número de palavras oxítonas, o número de substantivos, de adjetivos ou outra categoria gramatical qualquer. Quer dizer, o fenômeno observado não constitui uma questão propriamente textual, como seria, por exemplo, o amplo conjunto dos recursos léxico-gramaticais que promovem a coesão e a coerência ou os efeitos de sentido que o uso de determinados substantivos ou adjetivos poderia provocar.

Em suma, o texto é que deve ser o centro, o objeto dos estudos, das análises, das descrições. A gramática, evidentemente, está presente como componente funcionalmente essencial e insubstituível. O que se tem que descobrir é, exatamente, essa funcionalidade de cada recurso gramatical.

Dentro dessa conveniência de se proceder a um recorte das questões a serem exploradas, e de se escolher ora um, ora outro *foco* de análise, um critério poderia ser:

(a) *o exame do texto como um todo* ou
(b) *o exame de uma ou outra de suas partes.*

Assim é que propomos, como primeiro (e mais relevante) foco de análise, a *dimensão global do texto,* a dimensão que, na verdade, representa o eixo de sua *coerência;* ou seja:

- o universo de referência — real ou fictício — para o qual o texto remete;
- seu campo discursivo de origem ou de circulação (isto é, campos científico, didático, jurídico, religioso, político, de informação, de entretenimento, literário etc.);
- seu tema ou sua ideia central;
- sua função comunicativa predominante;
- seu propósito ou sua intenção mais específica;
- a vinculação do título ao núcleo central;
- o critério da subdivisão em parágrafos;
- a direção argumentativa assumida;
- as representações, as visões de mundo, as crenças, as concepções que o texto deixa passar, explícita ou implicitamente;
- os padrões de organização decorrentes do tipo que o texto materializa; por exemplo, no caso de textos narrativos, a fidelidade ao esquema da narrativa; a ordenação na sequência dos fatos; a harmonia entre personagens, tempo, espaço e enredo;
- as particularidades da superestrutura de cada gênero (blocos, partes, subdivisões; formas de organização, de apresentação e de sequência dessas partes);
- seus esquemas de progressão temática;
- seus recursos de encadeamento, de articulação entre parágrafos ou períodos, a fim de lhe conferir a necessária continuidade;
- a síntese global de suas ideias ou informações;
- o discernimento entre as ideias principais e aquelas outras secundárias;
- sua adequação às especificidades dos destinatários envolvidos;
- sua relevância comunicativa na exposição de dados, de informações, de argumentos, isto é, o grau de novidade das informações, o que determina o seu nível (alto, mediano ou baixo) de informatividade;
- o grau de adequação desse nível à situação comunicativa;
- suas relações com outros textos, o que inclui, mais especificamente, as remissões, as alusões, as paráfrases, as paródias ou as citações literais.

Com um outro foco de análise do texto, agora centrado em aspectos *mais pontuais* de sua *construção,* propomos que sejam objetos de observação:

- as expressões referenciais que introduzem os objetos de referência;
- as retomadas dessas expressões referenciais, que asseguram a continuidade referencial pretendida, seja pela substituição pronominal (anáforas, catáforas pronominais e dêiticos textuais), seja pela substituição lexical (por sinônimos, hiperônimos ou expressões equivalentes);
- as diversas funções da repetição de palavras ou de segmentos maiores;
- as elipses;
- aspectos do significado de uma unidade, de uma expressão ou até de um morfema;
- o caráter polissêmico das palavras em decorrência de seu trânsito para um outro campo de referência;
- os segmentos em relação de sinonímia, antonímia, hiperonímia e paronímia;
- a associação semântica entre palavras (ou as cadeias ou redes de elementos afins que se distribuem ao longo do texto);
- a concordância verbal e nominal e suas relações com a continuidade temática do todo ou de uma passagem;
- os valores sintático-semânticos da conexão interfrásica, possibilitados pelo uso de preposições, conjunções, advérbios e de respectivas locuções;
- o uso dos dêiticos pessoais, espaciais e temporais e a relação dessas expressões com elementos do contexto;
- a ocorrência de paráfrases e suas marcas indicativas;
- a presença de estruturas sintáticas paralelas;
- os efeitos de sentido pretendidos pela alteração na ordem canônica das palavras (inversão ou deslocamento de um termo, por exemplo);
- os efeitos de sentido (ênfase, reiteração, refutação, ambiguidade, humor, gradação, contraste) pretendidos pela escolha de determinada palavra ou por certos recursos morfossintáticos e gráficos (aspas, itálico, sublinhado, diferentes cores, tamanhos e disposições das letras ou figuras etc.);
- os efeitos de sentido pretendidos pela transgressão de qualquer um dos padrões morfossintáticos e semânticos estabelecidos;
- as marcas de ironia;
- as marcas de envolvimento do autor frente ao que é dito;
- os comentários do enunciador sobre seu próprio discurso;
- a forma (direta ou indireta) de como o interlocutor está presente ou apenas suposto;
- as 'falas' que se fazem ouvir;
- os implícitos ou 'vazios' de sentidos;
- os diferentes usos e correlações dos tempos e modos verbais;
- as marcas das especificidades de uso da oralidade ou da escrita;
- o nível de maior ou menor formalidade da linguagem utilizada;
- a presença de sinais que indicam a distribuição das informações em itens, em pontos distintos;

- as marcas de polidez convencionais;
- aspectos da pontuação, da ortografia das palavras e da apresentação gráfica do texto, subordinados, sempre, à coerência e à relevância;
- e outras questões que se ponham a descoberto em uma ou outra análise[5].

Enfim, é quase impossível enumerar exaustivamente o que podemos analisar nos textos. Uns podem oferecer uma gama maior de elementos; outros, menos, na dependência de uma série de fatores, que, como sabemos, são determinantes para sua composição. De qualquer forma, fica evidente que muito se pode ver, para além da forma e das classes de palavras e frases que entram na composição do material linguístico com que interagimos.

[5] Evidentemente, toda a gramática da língua é componente dos sentidos do texto e deve ser, por isso mesmo, objeto de análise também. O que propomos é que se ultrapasse a visão estanque, engessada e simplista das classes de palavras, centradas apenas em aspectos de sua morfologia. Como tentativa de rever nossos conceitos acerca desses pontos de gramática, vale a pena ler, em Ilari e Basso (2006), as considerações acerca das classes de palavras (p. 108-124). A consulta a Neves (2002) e a Perini (2008, 2010) também é bastante relevante (são obras que descrevem questões da gramática do português numa perspectiva ampla, aberta e bem mais consistente que os livros de gramática tradicionais).

3.6 À luz de que princípios analisar?

Toda análise é orientada por um corpo de princípios que regulam seu percurso. No caso em questão, os princípios que nos orientam são de duas ordens: um teórico, outro prático-aplicativo.

O primeiro resulta das definições da linguística textual, que considera o texto como "o fenômeno linguístico original", ou "a forma necessária" de a comunicação verbal acontecer. O segundo princípio, de natureza aplicativa, resulta do primeiro e implica que todo ensino de língua tem como objetivo maior: *ampliar a competência comunicativa das pessoas*. Ora, tal competência é, essencialmente, discursiva. Ou seja, a competência de uma pessoa em termos linguísticos se avalia pela capacidade que essa pessoa tem de, falando, escutando, lendo e escrevendo, atuar por meio de diferentes discursos, em diferentes práticas sociais e de obter, com esses discursos, os fins a que se propõe.

A análise dos textos pode acontecer, como vimos, quer no plano global, quer no plano local, e, ainda, sob diversos aspectos. Vale salientar, contudo, que *qualquer análise, de qualquer segmento deve ser feita, sempre, em função do sentido, da compreensão, da coerência, da interpretabilidade do que é dito*. O que significa admitir que, em qualquer análise, a questão maior é sempre a compreensão do que se diz e de como e para que se diz o que é dito. A análise das formas pelas formas significa muito pouco. As formas se expressam para significar; como recursos ou meios que possibilitam o entendimento mútuo dos interlocutores envolvidos.

No ensino da língua, o apelo maior deve ser orientado para a descoberta e a compreensão dos sentidos, das intenções e da função com que as coisas são ditas. O fundamental, portanto, é perceber *a função pretendida para cada uso, para cada escolha*. Em tudo que dizemos, como se sabe, as escolhas não são aleatórias.

Em geral, fica-se muito no estudo das formas linguísticas, como se nada mais houvesse para além delas[6]. É, portanto, na perspectiva de *ver a interação verbal acontecendo* que se deve empreender o trabalho de análise dos textos que circulam ou que circularam entre nós (e, ampliando, no mundo alargado das comunidades em que se fala o português!).

[6] Para que fique claro que essas observações têm apoio também na realidade atual, lembro um comentário que ouvi, em finais de dezembro de 2009, em rede nacional de televisão, a propósito da preparação para as provas do vestibular de 2010. O comentário focalizava "os principais **erros que se cometem no dia a dia**". Para tanto, o *script* do programa recorria a uma cena: dois jovens, numa conversa em uma lanchonete. Na sequência da conversa, iam incorrendo em "erros", que um professor (mestre em linguística) ia classificando como exemplos de pleonasmo, solecismo, barbarismo, cacófato e outros "vícios". Pensei comigo mesma: quanto das atuais visões da linguística de texto, da sociolinguística, do interacionismo funcional ainda falta chegar às escolas! Não há uma coisa mais irrelevante do que andar à caça de erros. Por que a escola resiste tanto em assumir novas visões, novas propostas de estudo da língua?

3.7 O que evitar nessas atividades de análise de texto?

Na perspectiva que elegemos aqui, é natural que se evite recorrer à prática — que foi tão comum — de retirar do texto um ou outro segmento, apenas, para identificar a classe gramatical ou a função sintática de certas palavras, ou para classificar tais palavras segundo um ou outro critério morfossintático. Por sinal, tal prática nem chegava a ser análise textual, uma vez que estava em jogo apenas a identificação e a classificação das unidades, em geral despregadas do texto e do contexto onde elas se situam.

A propósito dessas habilidades de identificação ou de classificação, parece pertinente afirmar que pode ser útil recorrer a atividades desse tipo, desde que esteja em jogo, primeiramente, a percepção de como as unidades a serem classificadas são significativas para a compreensão dos sentidos e das intenções.

Por exemplo, identificar o sujeito de uma oração como sujeito indeterminado pode ser relevante se procurarmos descobrir por que o autor escolheu, entre outras possibilidades sintáticas, aquela do sujeito indeterminado. Do contrário, identificar por identificar não leva a muito longe. A opção por indeterminar o sujeito tem, sempre, razões pragmático-discursivas diversas: pode não ser conveniente, politicamente, indicar os agentes responsáveis por certas ações. O melhor, pois, é apelar para um "se" que indetermina, ou seja, que esconde as responsabilidades ("Fala-se em prorrogação do mandato do presidente", por exemplo). Em "O Banco mentiu", temos um substantivo como sujeito expresso, mas saber isso é muito pouco. Mais vale atentar para o uso dessa metonímia, que de inocente não tem nada.

Ou seja, por essas poucas considerações já podemos ver o quanto aquelas atividades de meras identificações e classificações nos privam de perceber o mais relevante: *por que fazemos determinadas escolhas linguísticas*. O mal, portanto, não está apenas no que tais atividades focalizam; está, sobretudo, naquilo que *elas não nos deixam ver*.

Em princípio, não escolhemos uma palavra porque ela é substantivo ou adjetivo. Quando atuamos verbalmente, escolhemos as palavras pelo que elas significam, pelo que elas possibilitam que se diga o que se quer dizer, do jeito que nos convém dizê-lo. Do contrário, a fala seria privativa de quem conhece, explicitamente, todos os elementos da metalinguagem. Na verdade, é usuário da língua quem conhece o caráter significante e significador da linguagem, mesmo que não saiba apontar as classes a que suas unidades pertencem.

Parece que nunca é demais perguntar: *por que a escola ainda gasta tanto tempo com nomeações e classificações de unidades?*

3.8 Como analisar textos ou que procedimentos de análise adotar?

Evidentemente, os procedimentos de análise são muitos e podem variar de uma situação a outra, na dependência de muitos fatores, como a própria finalidade da análise, inclusive. Diante dessa imensa possibilidade de variação, talvez seja mais produtivo enumerar os principais procedimentos a serem evitados. Nos capítulos seguintes, quando teremos oportunidade de realizar as análises, vamos mostrando como empreendê-las e vamos sugerindo algumas alternativas.

Poderíamos relembrar, portanto, que convém evitar:

- restringir-se à extrapolação do tema abordado, detendo-se em comentários que, mesmo afins, não estão apoiados em passagens do texto;
- reduzir a análise à mera oportunidade de exemplificação de uma unidade linguística em estudo;
- recorrer à análise, simplesmente, para identificar a classe ou a categoria gramatical das unidades; ou, ainda, identificar a função sintática de termos ou de orações, sem atentar para a função que tais elementos desempenham na construção e expressão dos sentidos;
- fragmentar o texto, retirando dele frases e palavras, sem o cuidado de manter a contextualização original dessas unidades;
- reduzir o estudo do vocabulário a questões de sinonímia e antonímia;
- não discriminar, pela análise, os aspectos globais do texto e outros pontuais e periféricos;

- omitir a indicação da finalidade ou dos propósitos mais imediatos da análise;
- privilegiar as informações dadas explicitamente;
- concentrar-se num único modelo de análise, de forma a cair numa rotina sem interesse e motivação.

Ou seja, o importante é manter o interesse por um estudo flexível, aberto, amplo, que atinja o que é fundamental no uso da linguagem: sua função como meio de promover a interação entre as pessoas para cumprimento das mais diferentes funções comunicativas. Esse interesse, uma vez ativado, nos torna capazes de ir descobrindo, de ir inventando e reinventando cada dia jeitos mais significativos de atuar com nossos alunos.

A propósito desse ponto, vale a pena destacar o cuidado de não imprimir à análise uma espécie de fórmula, como se todo texto seguisse, com absoluta rigidez, um modelo absolutamente estável e fosse independente de suas condições de produção e circulação. Um texto concreto, apesar de poder ser enquadrado num protótipo qualquer, que o faz ser reconhecido como de determinado gênero, está sujeito a variações que dependem das decisões dos agentes do discurso no curso das interações. Bem sabemos como essas interações acontecem de forma ilimitada e em constante variação. Nossas análises, portanto, devem acomodar-se às condições concretas de cada objeto e podem trazer um elemento particular, que se origina na própria particularidade histórica do texto concreto.

Assim é que as análises que apresentamos nos capítulos seguintes não têm o estatuto de fórmulas, de modelos. São apenas propostas — não exaustivas, é claro — do muito que se pode ver nos textos, ou do mergulho que se pode dar desde a sua superfície até o fundo de seus sentidos textuais e contextuais. Espero que essas propostas possam gerar muitas outras, capazes de deixar as questões textuais, cada vez mais, no centro da sala de aula.

Para encerrar este capítulo, gostaria de retomar umas palavras que já expus em momento anterior. É que elas parecem expressar, com certa força, a síntese de minha proposta para a análise de textos ou, mais especificamente, as razões últimas para ultrapassarmos os limites estreitos de um ensino que não privilegia os usos da linguagem, o que implica admitir *um ensino que não focaliza a dimensão do texto, do discurso, da interação verbal.*

E minhas palavras — que, originalmente, fazem parte de um capítulo do livro *Língua e ensino: dimensões heterogêneas* (ver bibliografia), são as seguintes:

> Basta de tanto ensino centrado em irrelevâncias, em saberes inócuos e improdutivos, que não servem senão para o dia do exame. Basta de tantas expectativas frustradas, de tantos entusiasmos cerceados, por parte de alunos e professores. Basta de tanto tempo perdido, de tanto esforço, de tanto investimento para nada ou para muito pouco. Nossos ideais de cidadania reclamam por uma escola eficiente: escola que ensine a ler, a escrever, a escutar, a interpretar, a analisar, a pensar sobre a linguagem, a se emocionar diante de um texto literário. Escola empreendedora, prestigiada pela eficácia de conseguir preparar os indivíduos para participarem da sociedade, ativamente, positivamente, contribuindo para resolver os problemas que ela enfrenta.

As necessidades atestadas socialmente é que deviam definir os programas. A escola precisa ter os olhos voltados para fora de si mesma, a fim de enxergar com mais amplidão o que precisa ser feito ou quais as competências que devem ser desenvolvidas para que todos possam garantir sua qualidade de vida e sua efetiva participação na sociedade.

Muito mais ainda quando se trata da população menos favorecida. Os pobres, sem eufemismos, precisam, exatamente, de uma escola que os ajude a sair da pobreza, que os ajude a fazer planos, a ter perspectivas, a desejar melhorias, a lutar por elas, a acreditar que elas são possíveis e que a fatalidade não existe. Precisam de uma escola que lhes ensine que não há um Deus que quer a pobreza, muito menos a miséria, nem reserva prêmio para quem sofre mais aqui na terra. Os pobres, repito, precisam de uma escola que lhes ensine a vencer a pobreza, a encontrar caminhos para viver dignamente, qualificados como cidadãos hábeis, como profissionais, capazes de atuar no mercado de trabalho, conforme as exigências de cada época e de cada lugar.

Paradoxalmente, os pobres é que têm sido mais lesados no seu direito a uma escola que, de fato, desenvolva competências. Na verdade, a escola os exclui, quando lhes ensina o que eles já sabem ou o que eles não precisam saber; depois, a sociedade os exclui, porque eles não sabem o que precisariam saber. Concretamente, no campo do uso da língua, não sabem ler textos mais complexos, de gêneros mais especializados; não sabem intervir em situações mais formais da comunicação pública, não sabem escrever textos mais formais, mais elaborados. Ficam excluídos, assim, de todas as situações em que podiam atuar, discutindo, analisando, solicitando, concordando, refutando, reclamando, reivindicando, explicando, informando, acerca de suas situações de trabalho e de vida. Não podem fazer isso, porque não sabem como fazê-lo, ou porque foram convencidos de que não sabem. Mas passaram anos a fio — os poucos que conseguiram ficar — procurando dígrafos, separando sílabas, sublinhando palavras, decorando coletivos, classificando sujeitos (eles próprios "desclassificados"), escrevendo frases, fazendo cópias e outras tantas atividades, que só se justificam no domínio interno da escola, em que algumas coisas devem ser aprendidas para que sejam sabidas quando o professor perguntar sobre elas. E lá se vai a oportunidade de suscitar o entusiasmo dos alunos, o possível gosto por ampliar suas habilidades linguísticas, por tomar consciência de quão vasto é o poder das palavras. E os pobres ficam sem mais esse poder, que não aconteceu. Perdeu-se o saber, perdeu-se o poder "que não foi, mas que poderia ter sido..."

Vale lembrar que qualquer criança, na cidade, no campo, na favela, na roça, quando exposta a situações motivadoras, que lhes despertem o interesse, é capaz de aprender, sustentam os psicólogos da aprendizagem.

Capítulo 4

Fundamentos para a análise de textos: o foco em aspectos globais

O primeiro interesse, na análise de textos, deve estar orientado para a apreensão de seus aspectos globais, ou seja, para o entendimento do *texto como um todo*, daquilo que o perpassa por inteiro e que confere sentido às suas partes e a seus segmentos constitutivos. De fato, pode não ter muita relevância deixar de captar uma ou outra particularidade, um ou outro pormenor; mas é de extrema importância apreender os elementos que definem *o sentido e os propósitos globais*. Reitero *que a compreensão global do texto deve ser o ponto de partida e o ponto de chegada de qualquer análise*.

Em geral, como já temos referido, as análises mais comuns empreendidas na escola incidem sobre fragmentos, sobre questões pontualmente localizadas ou sobre particularidades morfossintáticas das classes de palavras, obscurecendo, assim, a *visão inteira do que é dito e por que isso é feito*.

Entre muitos dos aspectos que caracterizam *essa visão inteira do texto*, selecionamos alguns que podem ser objeto de cuidados especiais em nossas análises, conforme enumeramos abaixo.

4.1 O universo de referência

Um texto tem como enquadramento cognitivo entidades, relações, propriedades de um mundo real ou de um mundo fictício. Desde o início, por vezes já no seu título, encontramos sinalizações do universo em que a seleção dos sentidos deve ser empreendida. Lembro-me de uma fábula de Rubem Alves que começa assim: *Tudo aconteceu no tempo em que os bichos falavam*... O segmento grifado já indica que se trata de um mundo fictício, de um mundo simbólico, no interior do qual as informações e ideias têm que ser entendidas.

Como subpropriedade desse universo de referência, podemos procurar identificar, mais especificamente, o campo social-discursivo em que ele se insere, conforme ele se destine aos campos científico, didático, religioso, político, artístico, de divulgação, de entretenimento, entre muitos outros.

Na verdade, um texto assume determinadas formulações, é expresso em certos níveis de formalidade, em certos formatos e suportes na dependência das normas, sociais e discursivas, que decorrem do universo de referência e do campo social em que o evento comunicativo se insere e vai circular. Por isso é que a produção e a recepção social das ações verbais constituem verdadeiras "rotinas comunicativas".

Em relação a esse item, pode ser lembrada a questão tão pertinente da *adequação contextual do texto*. Presentemente, as discussões em torno do *bom texto* têm destacado a primazia da *sua adequação a seu contexto de produção e circulação*. Com a reiteração desse princípio, espera-se, entre outros resultados, enfraquecer a visão reduzida — tão arraigada entre professores e público em geral — de que, para um texto ser bom, "basta que ele esteja correto". Um texto, em princípio, pode até não estar correto, mas se estiver social e discursivamente adequado a seu contexto de circulação, é um bom texto.

Ainda no interior dessa adequação contextual, merece destacar a questão dos *destinatários previstos*. É de extrema importância tê-los em vista. Afinal, a linguagem é uma atividade interativa, entre dois ou mais interlocutores, um dizendo a outro, um perguntando ou respondendo a outro, de modo que, literalmente, ninguém fala ou escreve *para ninguém*. Pressupomos sempre a presença de um outro.

Esse princípio parece extremamente banal de tão óbvio que é. No entanto, nas aulas de português, ainda presentemente, acontecem atividades de formar frases soltas, para treinar esse ou aquele ponto da gramática, ou de escrever textos sem nenhum interlocutor previsto para ocupar o lugar do outro lado. Um exercício de não linguagem, afinal[1]. Como regular o que e o como dizer, se não sabemos com quem interagimos?

Em síntese, é de extrema importância em nossas análises identificar *o universo de referência* ativado e, a partir daí, reconhecer outros elementos que definem *a totalidade dos sentidos expressos*.

[1] Por vezes, os professores se queixam de que, no momento, *não sabem mais como ensinar a língua ou o que fazer em sala de aula*. Não me parece que os professores tenham razão para se sentirem tão desorientados assim. Já são tão comuns as indicações de outros rumos, de outras perspectivas e, consequentemente, de outras atividades! São comuns, por exemplo, as orientações para que *se prefira a escrita de textos* – mesmos curtos – e se deixe a escrita de frases soltas, despropositadas, descontextualizadas, ou de textos "para ninguém", escritos, simplesmente, para treino. Ninguém aprendeu a usar a linguagem treinando primeiro, ou começando pela produção de frases para só depois chegar a fazer textos. Qualquer palavra já era um texto, porque, independentemente de sua forma, já trazia um propósito e já era um pedaço de uma interlocução.

4.2 A unidade semântica

Um texto se desenvolve em torno de um tema, ou de um tópico ou, ainda, daquilo que, convencionalmente, se costuma chamar de ideia central. Essa unidade funciona como *um fio*, *um eixo*, que faz cada parte, cada segmento convergir para um *centro*. Essa unidade é que permite a elaboração de uma síntese ou de um resumo, o entendimento dos títulos e subtítulos, a localização dos subtópicos, o discernimento entre as ideias principais e aquelas outras secundárias.

Em princípio, é essa unidade temática que deixa o texto como um conjunto demarcado, como um terreno delimitado. É ela, ainda, que nos leva a procurar saber: *a que pergunta o texto constitui uma espécie de resposta.*

Vale lembrar que, para a unidade em questão, concorrem os diferentes recursos da coesão, os quais vão costurando o texto, promovendo a articulação entre suas várias partes, de maneira que se pode reconhecer uma sequência de fatos, de informações, de ideias, de argumentos, de comentários etc.[2]

Um entendimento mais consistente do ponto em discussão nos leva à relevância de *reconhecer o ponto de vista* a partir do qual o tema é tratado. Ou seja, mesmo restrito a um tema particular, o autor assume determinado ponto de vista, o qual também define as condições de sua coerência global. Por isso é que textos sobre um mesmo tema podem se desenvolver à volta de pontos de vista diferentes.

Essa unidade temática não é privativa da comunicação escrita. Os gêneros orais também se realizam dentro desses parâmetros de unidade, embora, em algumas circunstâncias, esses parâmetros sejam mais frouxos, como é o caso da conversação informal. *Assim, uma conferência, uma palestra, um debate, uma aula e outros eventos similares são sempre em torno de um determinado tema.*

Daí que a análise dos elementos que caracterizam essa unidade temática do texto, oral ou escrito, recobra uma importância fundamental na exploração dos usos das linguagens.

4.3 A progressão do tema

Como vimos, a concentração do texto em determinado tema lhe dá unidade. Evidentemente, em seu percurso, esse tema vai-se desenvolvendo, ou melhor, vai progredindo, o que

[2] Pode-se perceber a dificuldade de alguns alunos para conseguirem essa "unidade temática" e "essa articulação" entre as várias partes do texto. Em muitos casos, cada parágrafo parece um textinho à parte. Não se consegue perceber a presença de uma sequência, de um encadeamento, de uma continuidade, que, no final, resulta na unidade pretendida. *Coisas que podiam, muito bem, ser ensinadas, ser exploradas nas atividades de sala de aula.* Faz pena ver a qualidade de alguns textos de alunos no final do ensino médio. Faltou *tempo* de estudo?

implica admitir que, *acerca do mesmo* (o tema), algo *diferente* vai sendo acrescentado.

Faz parte de nossa competência discursiva alimentar a expectativa de que nosso parceiro de interlocução não vai ficar, indefinidamente, dizendo o mesmo, ou seja, fixado no mesmo ponto. Esperamos que a fila das ideias ande, no sentido de que coisas novas vão sendo acrescentadas, embora acerca do mesmo tema. Ou seja, contamos com a previsibilidade de identificar *o que se diz do tema*.

Ocorre que, no texto, tudo precisa estar em convergência; tudo precisa estar encadeado. Assim, a progressão esperada para o desenvolvimento do tema precisa estar em articulação: os segmentos entre si (por exemplo, um parágrafo com outro ou com outros antecedentes e consequentes) e todos com o tema central. O resultado dessa *progressão articulada* é a integração das várias partes em um todo. Lembremo-nos de que, diante do que ouvimos ou lemos, experimentamos a sensação de que estamos diante de uma unidade, de que somos capazes de reconhecer seu começo e seu fim.

Constitui, portanto, prática de grande relevância *identificar o plano de progressão do tema*, ou o esquema sob o qual ele avançou.

4.4 O propósito comunicativo

Nenhum texto acontece sem uma finalidade qualquer, sem que se pretenda cumprir com ele determinado objetivo. Não é à toa que costumeiramente perguntamos a quem nos fala: "O que você *quer dizer* com isso?" O "querer dizer" é constitutivo do dizer; é anterior a ele.

Esse propósito, que é parte de qualquer atividade de linguagem, pode ser apontado como: expor, explicar, convencer, persuadir, defender um ponto de vista, propor uma ideia, apresentar uma pessoa, um evento, uma ideia, relatar um fato, descrever um evento, dar uma notícia, divulgar um resultado, informar etc. A série desses propósitos é praticamente inesgotável. Além disso, eles não são mutuamente excludentes: pode-se relatar um fato com o propósito de convencer alguém de alguma coisa; pode-se trazer uma informação com o propósito de defender um ponto de vista. De qualquer forma, entender um texto supõe *a habilidade de identificar esse propósito* e, por vezes, discernir entre o que é o propósito e o que são as estratégias para se conseguir esse propósito.

Os teóricos da argumentação advogam que toda ação de linguagem é, essencialmente, argumentativa, no sentido de que há sempre, clara ou velada, uma pretensão de se conseguir a adesão do interlocutor e ganhar sua concordância. Nesse sentido é que se diz que não existe neutralidade nas atividades de linguagem. Ou seja, nada do que se diz é totalmente despojado de alguma intenção, seja ela clara, declarada, seja ela velada. O povo sabe disso quando reconhece que alguém falou com uma segunda intenção.

Existem elementos verbais e não verbais que servem como pistas para o reconhecimento de tais intenções (primeiras e segundas!). Reconhecê-las é alcançar o cerne da compreensão discursiva.

4.5 Os esquemas de composição: tipos e gêneros

Os textos obedecem a padrões regulares de organização, em decorrência do tipo e, sobretudo, do gênero que materializam. Todos sofremos mais essa coerção social: nossas ações de linguagem obedecem a modelos estabelecidos linguística e socialmente.

Sem entrar em muitos detalhes, podemos considerar que os tipos de texto[3] são categorias teóricas, que abrangem um conjunto de determinações de natureza linguística, tais como aspectos lexicais, sequências sintáticas, variações dos tempos verbais etc.

A propósito dos tipos textuais, podemos lembrar a posição de Marcuschi (2010:

[3] Vale a pena a leitura de "Gêneros textuais: definição e funcionalidade", um capítulo de livro em que Marcuschi (2010) desenvolve com mais detalhe as noções de tipo e gênero de texto, bem como as diferenças fundamentais entre uma e outra categoria, sem falar nas observações que faz sobre gêneros textuais e ensino de línguas. Muito proveitosa também é a leitura da segunda parte de seu livro *Produção textual, análise de gêneros e compreensão*, onde questões relacionadas a tipos, gêneros de texto, domínios discursivos, suportes, entre outras, são relacionadas ao ensino de língua (ver p. 145-225).

20-23), que, como outros autores, considera *os tipos de texto como uma questão definida linguisticamente*, isto é, por categorias pertinentes ao sistema da língua e não às situações sociais e às pretensões retóricas que ocorrem no domínio da enunciação.

Por exemplo, se o modelo de uma carta é definido por seus propósitos comunicativos, por sua forma de composição e apresentação (com blocos consensualmente estipulados), os tipos se definem por categorias linguísticas, sobretudo aquelas de natureza sintática.

Assim é que um texto do tipo narrativo privilegia o uso dos tempos verbais pretéritos, privilegia o uso de expressões que denotem sequência temporal dos fatos (o antes, o durante e o depois) e a localização dos agentes nos cenários referidos, privilegia a referência a entidades, a seres concretos ou abstratos, entre outros aspectos. Em outro tipo, o descritivo, os objetos de referência apresentam-se parados, estáticos, sem remissão a uma progressão temporal, a uma mudança de tempo, o que vai se refletir na preferência pelo verbo no presente ou no imperfeito do indicativo. Em um texto expositivo, predominam as estratégias de transmissão de um saber já consubstanciado em um corpo de princípios teóricos ou de explicação de um fenômeno, em geral, apoiado em dados reais, mais ou menos objetivos. As relações de causa e consequência são comuns nesse contexto. Lembramos ainda os textos de definição (*A Terra é um planeta*), de apresentação de um conceito (*Os gêneros textuais são ações sociodiscursivas.*), ou de uma ideia (*A virtude está no meio*), representantes de um saber universal, em que predomina o tempo presente, exatamente como expressão de algo que é atemporal. Nos textos dissertativos, comumente reconhecidos como opinativos ou de comentários, como um editorial, predominam os argumentos em favor de uma posição, com verbos, em geral, no presente do indicativo, como forma de expressão de um estado permanente de concepção do tema — quase sempre polêmico — pelo menos no tempo da cena discursiva. Nos textos injuntivos, prevalecem as formas verbais no imperativo, uma vez que são gêneros instrucionais, ou seja, que trazem instruções de como executar determinadas ações ou seguir determinado programa.

Os tipos, reiteramos, são definidos por propriedades linguísticas e não são propriamente textos empíricos (ver ainda Marcushi, 2010: 23). Quer dizer, uma descrição não constitui um exemplar concreto de texto que circula em determinado grupo social. O que existe, o que circula, de fato, são gêneros de texto, que, eventualmente, podem incluir sequências descritivas, mais ou menos extensas. Uma fábula, por exemplo — *que é um gênero* — pode incluir (e quase sempre inclui) trechos do tipo descritivo. Um *anúncio* de venda de uma casa (outro *gênero*) também inclui, normalmente, trechos de caráter descritivo, uma vez que é do interesse do vendedor apresentar seu produto.

Ou seja, os gêneros é que constituem *textos empíricos*, é que constituem *textos reais em circulação*, os quais são regulados também por tipos de sequências sintáticas e relações lógicas. São, assim, modelos "mais ou menos estáveis", como propôs Bakhtin, embora flexíveis (uns mais que outros) e sujeitos a variações contextuais. São definidos por propriedades sociodiscursivas, diferentemente, portanto, dos tipos, como vimos, que são definidos por propriedades linguísticas. Cumprem funções comunicativas específicas, quer dizer, realizam-se com *propósitos comunicativos* determinados e facilmente reconhecíveis pela comunidade em que circulam. Dessa forma, os gêneros variam com o tempo, com as condições históricas de cada grupo, o que significa dizer que alguns podem desaparecer, outros se transmudar, outros, surgir.

A verdade é que temos consciência de que nossas ações de linguagem e, consequentemente, nossas opções textuais não são absolutamente originais: há um consenso geral sobre como se faz uma resenha, uma carta, um edital de concurso, como se faz a apresentação ou a resenha de um livro etc. Ou seja, procuramos nos conformar aos modelos preexistentes, já em circulação em nossos grupos.

Esses modelos de gêneros abarcam o que se tem chamado de *a forma composicional* do gênero: trocando em miúdos, a forma *como o texto é composto*, é desenvolvido. É essa forma composicional, portanto, que regula o número de blocos ou de partes que um determinado texto deve ter. É essa forma que regula o que deve aparecer em cada um desses blocos bem como a sequência em que eles devem ocorrer.

Por exemplo, em geral, a resenha de um livro deve conter, pelo menos, três blocos: a contextualização geral da obra, a apresentação de seu conteúdo e de seus objetivos, o parecer sobre sua consistência e relevância. Outros blocos podem ser eventualmente incluídos, conforme determinadas circunstâncias, mas não *qualquer um*. Não teria sentido incluir numa resenha a justificativa de mercado para o preço da obra ou a defesa de detalhes da vida privada do autor ou do editor do livro.

Vale a pena ter em conta o seguinte: nem sempre é fácil identificar o gênero a que pertence um texto; ou seja, por vezes, é difícil reconhecer, com total segurança, se se trata desse ou daquele gênero. É comum ficarmos na dúvida se se trata de um editorial, de um artigo de opinião ou até mesmo de uma crônica. Quase sempre, convém recorrer ao suporte para chegar a uma conclusão. Por vezes, é mais fácil reconhecer *a que gênero o texto não pertence* do que o contrário.

De qualquer maneira, a importância de se acertar, exatamente, na identificação do gênero não é tão grande assim. Importante é reconhecer as características textuais que o fazem cair nesse ou naquele gênero e não em outros bem diferentes. Faraco e Tezza (2003) nos advertem de que convém resistir "ao desejo de engavetar a linguagem em divisões estanques. Na vida real, a linguagem e as intenções costumam se alimentar umas às outras".

Portanto, a competência comunicativa que se espera seja alcançada pela análise de textos deve incidir, naturalmente, sobre *o conhecimento das particularidades dos tipos e dos gêneros de texto*. Talvez, por essas vias, conseguiremos nos convencer de que os conhecimentos gramaticais, se são necessários, são também insuficientes.

4.6 A relevância informativa

A propriedade que contempla *a relevância informativa* do texto tem a ver com sua maior ou menor *novidade*, seja ela expressa pela forma, seja ela expressa pelo conteúdo. Assim, quanto mais um texto apresenta novidades, quanto mais foge a obviedades (formais ou conceituais), mais ele é relevante. Noutras palavras, quanto mais previsível é a interpretação de um texto, menos ele é informativo, menos ele requisita a habilidade interpretativa do interlocutor e, dessa forma, menos suscita o seu interesse.

Isso não significa que todo texto tem que trazer, sempre, um alto grau de novidade. Os avisos que regulam a circulação de veículos numa cidade, por exemplo, não apresentam (nem podem apresentar!) novidades, nem formais nem de conteúdo. Ou seja, o grau de novidade requisitado para um texto é determinado por razões contextuais. Em cada situação sociodiscursiva é que se pode avaliar sua relevância informativa. O bom texto, portanto, é aquele que traz um grau de informatividade adequado às suas circunstâncias de circulação.

A imprevisibilidade que faz subir a relevância do texto pode incidir, como avançamos acima, em aspectos formais (o texto expressa o mesmo, mas dito sob outras formas, de outros jeitos) ou em aspectos do conteúdo (o texto traz novas informações ou ideias) ou pode conjugar novidades formais e novidades conceituais. De qualquer forma, a relevância do que dizemos assume grande significado na avaliação de sua qualidade.

O olhar demasiado linguístico, demasiado gramatical com que os professores têm avaliado a linguagem dos alunos obscureceu o peso da relevância informativa no cálculo da qualidade do texto. Muitos acreditaram (e alguns ainda acreditam!) que *basta o texto estar correto para ser bom*. A ênfase nessa correção privou professores e alunos de perceberem outras determinações textuais, bem mais relevantes socialmente. Um texto é um evento em que convergem, além de elementos linguísticos, outros de ordem cognitiva e social.

Vale a pena, portanto, *conceder importância a esses graus de novidade que, em certos contextos, os textos devem apresentar* para que possam ser considerados como de boa qualidade.

4.7 As relações com outros textos

Já fazem parte do dia a dia pedagógico uma ou outra referência à propriedade discursiva da intertextualidade, embora essas referências ainda busquem apoio em noções bastante restritas e superficiais.

De fato, de certa maneira, todas as questões eminentemente textuais, como coesão, coerência, informatividade, intertextualidade, entre outras, não ocupam lugares privilegiados nos programas de ensino, por vezes nem mesmo daqueles das faculdades de letras. Além disso, não são muitos os livros didáticos que reservam espaço para esses tipos de conteúdos linguísticos. Como temos sublinhado, não sem razão, portanto, os conteúdos gramaticais — da ordem da morfossintaxe — têm monopolizado os estudos da língua, seja ela materna, seja ela estrangeira. Parece que basta saber gramática, ou, pior ainda, basta saber a que classe gramatical uma palavra pertence ou que função sintática um termo preenche, para ter a competência textual e discursiva sob cujas regularidades nossas ações verbais acontecem.

Vale a pena, portanto, ressaltar a relevância do estudo das propriedades ou das regularidades propriamente textuais e discursivas, desde o fundamental, com a finalidade clara de se apreender o que é essencialmente constitutivo das ações de linguagem[4]. Com esse propósito, a seguir, introduzimos o leitor em noções da intertextualidade. O objetivo dessa introdução é apresentar alguns fundamentos que podem apoiar a análise de textos. Não nos cabe, pois, esgotar aqui esse tema, tão amplo, tão complexo e tão significativo na compreensão do que, de fato, representa a

[4] Existem excelentes abordagens do conceito de intertextualidade. Remeto o leitor a: Marcuschi (2002), Koch (2002; 2004; 2007), Charaudeau e Maingueneau (2004); Discini (2005), Maingueneau (2006); Sant'Anna (1985), entre muitos outros.

linguagem na criação e na sustentação de todas as manifestações históricas e culturais da ação do homem sobre o mundo.

Comecemos por referir a noção mais ampla de intertextualidade, aquela que diz respeito à ideia de que *tudo o que se expressa pelas diferentes linguagens remete a toda a experiência humana da interação verbal* e, portanto, pertence a uma grande corrente de discursos construídos ao longo do tempo. Nem temos possibilidade de encontrar o ponto de origem desse ou daquele conceito, dessa ou daquela ideia. Tudo é feito uma linha que nunca se partiu e que, continuadamente, avança através dos tempos e de todos os espaços ocupados pelo homem.

Nesse sentido bem vasto, situamos a *intertextualidade ampla*, aquela que é, portanto, *constitutiva de qualquer atividade de linguagem*. Trocando em miúdos: por essa intertextualidade ampla, nenhum texto é absolutamente original, nem pertence por inteiro à autoria de quem o disse ou escreveu. Nossa voz carrega necessariamente as vozes de todos que nos antecederam, tenhamos consciência disso ou não.

Assim a intertextualidade está intrinsecamente presente em cada evento de linguagem. Na verdade, sustentamos, em cada evento de linguagem, uma linha discursiva que começou não sei quando. Isso não significa dizer que nos repetimos indefinidamente, ou que não renovamos ou refazemos nossas concepções e nossos modos de expressá-las. Quando expomos um conceito, quando o reforçamos, ou quando o reelaboramos ou o refutamos — até mesmo quando o introduzimos —, estamos na continuidade inquebrável dessa linha; não nos é dada a condição de desconsiderá-la. Ou seja, é a partir dos discursos já feitos que criamos, que recriamos, que ressignificamos os nossos[5].

Também se pode fazer referência àquela intertextualidade que decorre da própria padronização social da linguagem em uso. As convenções sociais que regulam essa padronização fazem, naturalmente, que um texto

[5] A noção de intertextualidade é uma das mais bonitas, das mais significativas contribuições da linguística moderna. É pena que "as muitas noções de gramática" não deixem tempo para os professores explorarem a significação da descoberta dessa "linha discursiva" que nos coloca, a nós todos, na "multidão do *homo loquens*", do homem "falador" e autor do grande discurso humano.

seja uma espécie de cópia do outro, isto é, seja produzido conforme o modelo de outros que se destinam aos mesmos contextos ou às mesmas finalidades sociais de uso. Uma notícia, por exemplo, respeita um modelo de notícia; por isso, todas as notícias têm algo em comum e são, naturalmente, intertextuais, quer dizer, retomam elementos de outros textos. "Nessa visão, todo novo texto empírico, portanto, é necessariamente construído com base no modelo de um gênero, isto é, ele pertence a um gênero" (Bronckart, 1999: 138).

Em um sentido estrito, têm sido propostos outros conceitos de intertextualidade, agora explícita, em oposição àquela anterior, que, implicitamente, faz parte de todo e qualquer discurso.

Nessa intertextualidade explícita — que aparece expressa na superfície — podemos enumerar: as alusões, as remissões — mais ou menos diretas e, as mais óbvias delas, as paráfrases e as citações, sobretudo aquelas que trazem a indicação do discurso fonte.

Vale ressaltar que nenhuma ocorrência de intertextualidade é gratuita ou é aleatória. Ou seja, sempre que nos valemos das palavras do outro, o fazemos com algum propósito, ou como estratégia para fins de algum efeito discursivo. Assim, podemos recorrer à palavra do outro para marcar determinado posicionamento, para apoiar nossas concepções, nossos pontos de vistas, para dar força a nossos argumentos, como se quiséssemos dizer que não somos apenas nós quem pensa assim ou diz o que nós dizemos. Também podemos recorrer à intertextualidade explícita para ampliar, para complementar, ou até mesmo para refutar o que o outro diz.

De qualquer forma, implícita ou explicitamente, a palavra do outro está embutida em nossa palavra. Por exemplo, neste exato momento, somente me é possível falar de intertextualidade porque já tive acesso a outros textos que tratam dessa questão. Buscamos, na verdade, a palavra do outro para fazer coro com a nossa e, assim, reforçar nossas posições.

Na prática da produção ou da divulgação do conhecimento cientifico, o recurso à intertextualidade é rotina, pois, para a definição de qualquer objeto de pesquisa, sempre partimos de um corpo de princípios já definidos para esse objeto. Não há saída: nossos textos estão ancorados em outros textos prévios, textos científicos, literários ou do saber comum. As conexões que se vão estabelecendo entre esses saberes é que geram concepções mais integradas e favorecem um entendimento mais global do mundo[6].

[6] Um ponto que poderia ser explorado, no âmbito da intertextualidade, é a questão dos provérbios, inclusivamente em suas variações regionais. Os provérbios são eminentemente polifônicos, intertextuais, no sentido de que remetem para um hiperenunciador, que, por sua vez, representa a sabedoria popular. Recorrer a eles confere a quem o faz o "estatuto de membro de uma comunidade" (ver Maingueneau, 2006: 94). Também pode ser útil o estudo dos *slogans*, sejam eles do domínio publicitário ou do domínio político. Fechando essas observações, poderia lembrar o repertório dos *contos de fadas*, ou das *fábulas*, que atravessa séculos de enunciação coletiva, numa demonstração clara da mais global intertextualidade. *Quanta coisa bonita e significativa para além da análise sintática!*

Uma notícia de jornal, publicada pelo *Diário de Pernambuco*, de 30 de janeiro de 2010, começava com o seguinte trecho: *São Pedro não deu trégua para os paulistanos*. Ninguém pode entender esse trecho se não recupera os saberes que correm pelas concepções culturais de certos grupos, ou seja, os textos do saber comum, aquele que atribui a São Pedro a decisão de onde, quando e quanto chover. É esse saber que nos dispensa de sobrecarregar o que dizemos com informações já sabidas.

Fazer da *intertextualidade objeto de análise é*, pois, *exercitar a exploração da linguagem* naquilo que ela tem de *mais constitutivo e relevante*, como expressão da *inexorável condição humana de seus agentes*.

A vida é indivisível. Mesmo
A que se julga mais dispersa
E pertence a um eterno diálogo
A mais inconsequente conversa.

(Mário Quintana, *Pequeno poema didático*)

A compreensão de todos esses pontos — que constituem a dimensão global do texto — representa uma condição fundamental para que se empreenda a atividade de analisar a linguagem, em todas as suas manifestações concretas. Tudo no texto vai dar ao global. Lá é que todos os sentidos se justificam.

Capítulo 5

Práticas de análise de textos quanto a sua dimensão global

Faremos a seguir análises de alguns textos, focalizando aspectos globais de sua organização e construção. Para tanto, vamos nos apoiar nos fundamentos teóricos que foram apresentados no capítulo anterior, destacando, assim, a pretensão de dar maior importância à visão de conjunto do texto.

A metodologia de, primeiro, trazer os princípios teóricos e, depois, realizar as análises, pretende ressaltar a compreensão de que *nossas análises supõem um corpo teórico de princípios*, a partir dos quais são definidos os pontos mais relevantes e, consequentemente, são estabelecidas as prioridades de observação.

Por essa metodologia, queremos evidenciar ainda que as análises devem ser *do texto,* isto é, devem apoiar-se nas palavras e em muitos outros tipos de sinais que aparecem na superfície do texto, até mesmo para, a partir daí, chegar àqueles sentidos que não estão expressos explicitamente. Somente assim podemos fugir a uma análise feita segundo as impressões de cada um e, assim, eventualmente inconsistente. Aquilo que apontamos como dito no texto deve estar respaldado pelo que, de fato, consta lá, na sua superfície ou nas entrelinhas. Deve estar autorizado pela presença de uma palavra, de uma expressão, de um sinal qualquer. Do dito é que se parte para o não dito; ou para os diferentes tipos do dizer implícito.

Vamos às análises.

5.1 Análise do comentário "A mercadoria alucinógena"

A MERCADORIA ALUCINÓGENA

Enquanto o consumidor imagina que é um ser racional, dotado de juízo e de bom senso, a publicidade na TV abandona progressivamente essa ilusão. Em vez de argumentar para a razão do telespectador, ela apela para as sensações, para as revelações mágicas mais impossíveis. A marca de chicletes promete transportar o freguês para um tal "mundo do sabor" e mostra o garoto-propaganda levitando em outras esferas cósmicas. O adoçante faz surgirem do nada violinistas e guitarristas. O guaraná em lata provoca visões amazônicas no seu bebedor urbano, que passa a enxergar um índio, com rosto pintado de bravura, no que seria o pálido semblante de um taxista. Seria o tal refrigerante uma versão comercial das beberagens do Santo Daime? Não, nada disso. São apenas os baratos astrais da nova tendência da publicidade. Estamos na era das mercadorias alucinógenas. Imaginariamente alucinógenas.

É claro que ninguém há de acreditar que uma goma de mascar, um adoçante, ou um guaraná proporcionem a transmigração das almas. Ninguém leva os comerciais alucinógenos ao pé da letra, mas cada vez mais gente se deixa seduzir por eles. É que o encanto das mercadorias não está nelas, mas fora delas — e a publicidade sabe disso muito bem. Ela sabe que esse encanto reside na relação imaginária que ela, publicidade, fabrica entre a mercadoria e seu consumidor. Pode parecer um insulto à inteligência do telespectador, mas ele bem que gosta. É tudo mentira, mas é a maior viagem, bicho. A julgar pelo crescimento dessas campanhas, o público vibra ao ser tratado como quem se esgueira pelos supermercados à cata de alucinações.

Por isso, a publicidade se despe momentaneamente de sua alegada função cívica — a de informar o comprador para que ele exerça o seu direito de escolha consciente na hora da compra — e apenas oferece o transe, a felicidade etérea, irreal e imaterial, que nada tem a ver com as propriedades físicas (ou químicas) do produto. A publicidade é a fábrica do gozo fictício — e este gozo é a grande mercadoria dos nossos tempos, confortavelmente escondida atrás das bugigangas oferecidas. Quanto ao consumidor, compra satisfeito a alucinação imaginária. Ele também está cercado de muito conforto, protegido pela aparência de razão que todos fingem ser sua liberdade. Supremo fingimento. O consumidor não vai morrer de overdose dessa droga. Ele só teme ser barrado nos portais eletrônicos do imenso festim psicodélico. Morreria de frio e de abandono. Ele só teme passar um dia que seja longe do seu pequeno gozo alucinado.

(Eugênio Bucci. *Veja*. São Paulo: 29 de abril de 1998.

Quanto ao universo de referência

(a) O comentário aborda *uma questão do mundo real*, do cotidiano concreto das pessoas, que estão inevitavelmente expostas aos muitos apelos do consumo de mercadorias. Não se trata, portanto, de um mundo fictício, onde os objetos referidos adquirem contornos eminentemente simbólicos.

(b) Se insere no domínio do jornalismo, concretamente no campo social-discursivo do *jornalismo formador de opinião*, que objetiva deixar os leitores mais críticos e conscientes frente a determinadas questões da vida.

(c) Por adequação às exigências discursivas próprias desse campo e do suporte em que está publicado (a revista *Veja*), *está expresso com um certo nível de formalidade*, o que implica dizer fora das formulações mais típicas da oralidade coloquial.

(d) Os *destinatários previstos são os leitores da revista*, identificáveis como pertencentes, em geral, a *uma classe, no mínimo, medianamente letrada e crítica*.

(e) Essa condição dos possíveis leitores justifica a opção do autor por um tipo mais elaborado de abordagem do problema e, consequentemente, por uma seleção vocabular mais especializada e mais distante do comum informal. A esse propósito, vejamos o trecho: *O consumidor não vai morrer de overdose dessa droga. Ele só teme ser barrado nos portais eletrônicos do imenso festim psicodélico.*

Quanto à unidade temática

(a) Não é difícil perceber que o comentário *A mercadoria alucinógena* se desenvolve em torno de *um mesmo tema*: *a publicidade na tv*, delimitado por uma perspectiva — a de que *a publicidade apela para os efeitos mágicos dos produtos que apresenta*.

(b) As pistas para o reconhecimento desse tema, nessa perspectiva, são muitas. A primeira e mais obvia delas é *o título*, que já aponta para um objeto de referência *a mercadoria* (da qual a publicidade se encarrega de fazer a apresentação) e para a especificação dessa mercadoria, *alucinógena* (pelos efeitos que lhe são atribuídos).

(c) O início do texto sintetiza esse tema, afirmando que a publicidade na TV, *em vez de argumentar para a razão do telespectador, apela para as sensações, para as revelações mágicas mais impossíveis.*

(d) Com base no reconhecimento desse tema, uma das passagens mais significativas do texto é a seguinte: *A publicidade é a fábrica do gozo fictício — e este gozo é a grande mercadoria dos nossos tempos, confortavelmente escondida atrás das bugigangas oferecidas* (vejamos o último parágrafo).

Quanto à progressão do tema

A perspectiva de que a publicidade é criadora de sonhos utópicos continua, primeiramente, com:

(a) a apresentação detalhada de alguns objetos em que esse poder mágico pode acontecer: *o chiclete, o adoçante, o guaraná.* Cada um desses objetos é apresentado com a discriminação minuciosa dos efeitos que provoca no consumidor: transportar, pela levitação, para 'esferas cósmicas'; fazer surgir do nada; provocar visões. As situações descritas funcionam como uma espécie de argumento de sustentação do tema: *a publicidade na tv é alucinógena.* Está provado. Taxativamente é reafirmado: *Estamos na era das mercadorias alucinógenas. Imaginariamente alucinógenas.*

(b) Em seguida, o autor se antecipa a uma possível objeção do leitor: a propaganda não tem todo esse poder, pois *Ninguém leva os comerciais alucinógenos ao pé da letra,* ou acredita *que uma goma de mascar, um adoçante, ou um guaraná proporcionem a transmigração das almas.*

(c) E, imediatamente, já responde a essa objeção com a observação de que *o encanto das mercadorias não está nelas, mas fora delas.* Esse encanto está *na relação imaginária que ela, publicidade, fabrica entre a mercadoria e seu consumidor,* o qual tem consciência desse jogo enganoso, desse *insulto à inteligência,* dessa *mentira,* que proporciona *a maior viagem.*

(d) No último parágrafo, o tema se mantém pela formulação da conclusão, primeiramente em relação à publicidade como um todo: *(A publicidade é a fábrica do gozo fictício — e este gozo é a grande mercadoria dos nossos tempos, confortavelmente escondida atrás das bugigangas oferecidas)*; depois, em relação ao consumidor: *compra satisfeito a alucinação imaginária* e *está cercado de muito conforto, protegido pela aparência de razão que todos fingem ser sua liberdade.*

Ou seja, o tema perpassa o texto da primeira à última linha.

Quanto ao propósito comunicativo

O comentário em análise tem claramente *um propósito de esclarecimento e de advertência* do leitor (mais especificamente, do leitor *consumidor*), em relação à cilada escondida nas ofertas de produtos de consumo, apresentados em peças publicitárias que lhes atribuem poderes mágicos e alucinantes. O autor reforça essa sua pretensão de advertência quando explicita que, por esse viés alucinógeno, a publicidade abre mão de sua função cívica, que é: *a de informar o comprador para que ele exerça o seu direito de escolha consciente na hora da compra* e, assim, promete *o transe, a felicidade etérea, irreal e imaterial, que nada tem a ver com as propriedades físicas (ou químicas) do produto.*

Quanto aos esquemas de composição do texto, conforme seu tipo e gênero[1]

(a) Predominam as características de um texto opinativo, pois o autor cuida em expressar seu ponto de vista: *a publicidade na TV abandona progressivamente a ideia de que o consumidor é um ser racional, dotado de juízo e de bom senso; não argumenta para a razão do telespectador e apela para as sensações, para as revelações mágicas mais impossíveis.* Essa opinião é sustentada, com argumentos consistentes, em relação à verdadeira função da propaganda e ao modo como a TV se vale dos diferentes recursos publicitários.

(b) Levando em conta o suporte em que o comentário foi publicado (a revista *Veja*), podemos reconhecer esse gênero como um comentário

[1] Evidentemente, o professor pode se programar para, diante de cada novo gênero, explorar suas características funcionais e formais. Assim, a propósito de um comentário, de uma crônica, de um texto expositivo, por exemplo, pode aprofundar com os alunos as especificidades textuais desses exemplares de textos. Com isso, ao mesmo tempo em que opta por um programa de estudo centrado em questões textuais, põe o estudo da gramática no lugar que lhe cabe: o da construção do sentido em textos.

opinativo, embora, como já referimos, nem sempre o reconhecimento do gênero possa ser absolutamente exato.

(c) O plano composicional do texto conforma-se a esse gênero: um ponto de vista sobre uma questão controvertida é apresentado; em seguida, possíveis objeções são levantadas, para, no final, argumentos relevantes e consistentes serem defendidos. Percebe-se um percurso que culmina com a resposta ao problema considerado, não obstante as objeções lembradas.

(d) Do ponto de vista do conteúdo, o comentário em análise aborda uma questão de ordem político-social, alheia, portanto, a circunstâncias da esfera pessoal e privada do autor. Isso justifica a opção do autor por uma formulação que, do ponto de vista formal, se caracteriza pela omissão de marcas (verbais e pronominais) de primeira pessoa do singular.

Quanto à relevância informativa

(a) O comentário não se prende a obviedades. Utiliza metaforicamente o universo dos alucinógenos para caracterizar as intervenções da publicidade, que oferece *o transe, a felicidade etérea, irreal e imaterial.*

(b) O enquadramento do texto nesse universo mobiliza uma série de conhecimentos prévios do leitor e oferece elementos para que seja *ampliada* a compreensão que se pode ter da publicidade. O principal interesse do comentário — ou sua novidade maior — está em atenuar um pouco o 'gozo alucinado' atribuído socialmente à publicidade e em tirar do foco seus poderes mágicos e encantatórios.

(c) Nessa direção, o autor define para o leitor o que seria a 'função cívica' da publicidade: *deixar o consumidor informado a fim de que, na hora da compra, ele possa fazer, livremente, escolhas conscientes* e, na sua pretensão de opinar e advertir ao mesmo tempo, ressalta que *a grande mercadoria dos nossos tempos* é *o gozo fictício propagado pela publicidade.*

Quanto às relações com outros textos

(a) No âmbito daquela intertextualidade ampla, podemos destacar a conformação do texto às regularidades do gênero comentário opinativo.

(b) Podemos destacar ainda todo o conhecimento que está pressuposto ou implícito e que já faz parte de nosso repertório de saberes. Saberes

— merece lembrar — resultantes de nossas experiências discursivas anteriores. Por exemplo, o autor supõe que sabemos estabelecer certos liames e, assim, entender por que o *guaraná em lata provoca visões amazônicas*, ou quais são os *portais eletrônicos do imenso festim psicodélico*. Ou seja, já conhecíamos muito do que é dito no texto, o que implica a inevitável condição de intertextualidade da linguagem.

(c) No âmbito da intertextualidade mais restrita, podemos destacar a referência feita ao refrigerante, como *uma versão comercial das beberagens do Santo Daime*, o que exige um conhecimento específico do objeto referido (um chá alucinógeno), ainda há pouco nomeado em uma reportagem da revista *IstoÉ* (10/fev./2010).

5.1.2 Observações sobre alguns fatos gramaticais verificados no comentário "A mercadoria alucinógena"

Antes de iniciar estas observações, gostaria de reforçar a ideia de que são inúmeros os fatos gramaticais que ocorrem em uma passagem com a dimensão do comentário em análise. Não seria metodologicamente adequado dar conta, neste espaço, de todos esses fatos. Tenho que me deter, assim, em um ou outro aspecto mais saliente, na perspectiva integrada dos sentidos criados, repito. Isto é, os tais fatos gramaticais serão vistos como *recursos ou como partes da criação dos sentidos expressos*. Vários desses fatos já foram explicitamente levados em conta quando analisamos os aspectos globais do texto, o que reforça nossa convicção de que *não se pode separar a gramática dos outros componentes*.

Vejamos, por exemplo, entre outros itens:

(a) a simultaneidade temporal sinalizada pela expressão em destaque entre o que o consumidor imagina e o que a publicidade faz em relação a isso: *Enquanto o consumidor imagina que é um ser racional, dotado de juízo e de bom senso, a publicidade na TV abandona progressivamente essa ilusão;*

(b) a equivalência possibilitada pelas relações semânticas entre imaginar e iludir-se é sinalizada pelo uso do demonstrativo 'essa', em: *o consumidor imagina que é um ser racional... e a TV abandona essa ilusão;*

(c) a pergunta retórica: *Seria o tal refrigerante uma versão comercial das beberagens do Santo Daime?* Ou seja, a pergunta feita com propósitos de apenas interessar o leitor, sem pretensão, portanto, de obter uma resposta, que, na verdade, já é sabida;

(d) o recurso de uma negativa contundente, taxativa, revelando segurança, certeza da parte de quem afirma, em: *Não, nada disso;*

(e) o uso da primeira pessoa do plural, em: *Estamos na era das mercadorias alucinógenas*, um recurso do autor para se fazer incluir entre os envolvidos na questão analisada; na verdade, um recurso que expressa a disposição do enunciador para aproximar-se do interlocutor e favorecer a interação;

(f) as marcas de plural do verbo sublinhado, em *O adoçante faz surgirem do nada violinistas e guitarristas*. Essas marcas favorecem a identificação dos agentes (violinistas e guitarristas) envolvidos na predicação de 'surgir'; os termos não estão na ordem canônica (sujeito, verbo, complemento), o que poderia dificultar a interpretação do trecho; por isso, as marcas de plural no verbo funcionam como sinais que indicam a dependência entre verbo e sujeito;

(g) o uso, outra vez, de uma linguagem contundente, cheia de certeza, em: *É claro que ninguém há de acreditar [...] Ninguém leva*; além da repetição do indefinido, a expressão 'é claro' reforça esse parecer de certeza com que a afirmação é feita;

(h) o uso de vários pronomes no trecho seguinte, com diferentes referentes textuais: *Ninguém leva os comerciais alucinógenos ao pé da letra, mas cada vez mais gente se deixa seduzir por eles* (os comerciais alucinógenos). *É que o encanto das mercadorias não está nelas* (nas mercadorias), *mas fora delas* (das mercadorias) — *e a publicidade sabe disso* (do fato de que o encanto das mercadorias está fora delas) *muito bem. Ela* (a publicidade) *sabe que esse encanto* (o encanto das mercadorias) *reside na relação imaginária que ela, publicidade, fabrica entre a mercadoria e seu consumidor* (da mercadoria); saber indicar com clareza, em um trecho como esse, a sequência referencial para objetos diferentes, sem dúvida, é uma competência gramático-textual pertinente;

(i) o uso de uma linguagem informal, com termos da gíria popular, em: É tudo mentira, mas *é a maior viagem, bicho*, que revela a disposição do autor para se sintonizar com a questão do 'mundo alucinógeno' abordada no comentário;

(j) o uso da expressão "Por isso", com valor conclusivo e como recurso de articulação entre dois parágrafos: *Por isso, a publicidade se despe momentaneamente de sua alegada função cívica — a de informar o comprador para que ele exerça o seu direito de escolha consciente na hora da compra — e apenas oferece o transe, a felicidade etérea.* Merece sublinhar ainda, nesse fragmento, a metáfora criada em *a publicidade se despe de sua alegada função cívica* (ou seja, não cumpre sua principal função), o que justifica a ocorrência do "apenas" depois (sem função cívica, a publicidade *somente* oferece a felicidade etérea);

(k) a indicação da mudança de tópico feita pela expressão sublinhada em: *Quanto ao consumidor*; a propósito, outras expressões com a mesma função poderiam ser exploradas;

(l) a retomada referencial possibilitada pela expressão em destaque, em: "*Quanto ao consumidor, compra satisfeito a alucinação imaginária. O consumidor não vai morrer de overdose dessa droga*" (a alucinação imaginária). Fica evidente aqui a funcionalidade dos termos hiperonímicos, pelos quais os objetos já referidos podem ser categorizados e incluídos em um determinado conjunto. O uso do demonstrativo é determinante para marcar essa retomada.

5.2. Análise da crônica "Talvez o último desejo"

TALVEZ O ÚLTIMO DESEJO

Pergunta-me com muita seriedade uma moça jornalista qual é o meu maior desejo para o ano de 1950. E a resposta natural é dizer-lhe que desejo muita paz, prosperidade pública e particular para todos, saúde e dinheiro aqui em casa. Que mais há para dizer?

Mas a verdade, a verdade verdadeira que eu falar não posso, aquilo que representa o real desejo do meu coração, seria abrir os braços para o mundo, olhar para ele bem de frente e lhe dizer na cara: Te dana!

Sim, te dana, mundo velho. Ao planeta com todos os seus homens e bichos, ao continente, ao país, ao Estado, à cidade, à população, aos parentes, amigos e conhecidos: danem-se! Vou para longe me esquecer de tudo, vou a Pasárgada ou a qualquer outro lugar.

Isso eu queria. Chegar junto do homem que eu amo e dizer para ele: Te dana, meu bem! Doravante pode fazer o que entender, pode ir, pode voltar, pode pegar dançarinas, pode fazer serenatas, rolar de borco pelas calçadas, pode jogar futebol, entrar na linha Quimbanda, pode amar e desamar, pode tudo, que eu não ligo! Chegar junto ao respeitável público e comunicar-lhe: Danai-vos, respeitável público. Acabou-se a adulação, não me importo mais com as vossas reações, do que gostais e do que não gostais; nutro a maior indiferença pelos vossos apupos e os vossos aplausos e sou incapaz de estirar um dedo para acariciar os vossos sentimentos. Ide baixar noutro centro, respeitável público, e não amoleis o escriba que de vós se libertou!

Chegar junto da pátria e dizer o mesmo: o doce, o suavíssimo, o libérrimo te dana! Que me importo contigo, pátria? Que cresças ou aumentes, que sofras de inundação ou de seca, que vendas café ou compres ervilhas de lata, que simules eleições ou engulas golpes? Elege quem tu quiseres, o voto é teu, o lombo é teu. Queres de novo a espora e o chicote do peão gordo que se fez teu ginete? Ou queres o manhoso mineiro ou o paulista de olho fundo? Escolhe à vontade — que me importa o comandante se o navio não é meu? A casa é tua, serve-te, pátria, que pátria não tenho mais.

Dizer te dana ao dinheiro, ao bom nome, ao respeito, à amizade e ao amor. Desprezar parentela, irmãos, tios, primos e cunhados, desprezar o sangue e os laços afins, me sentir como filho de oco de pau, sem compromisso nem afetos.

Me deitar numa rede branca armada debaixo da jaqueira, ficar balançando devagar para espantar o calor, roer castanha de caju confeitada sem receio de engordar, e ouvir na vitrolinha portátil todos os discos de Noel Rosa, com Araci e Marília Batista. Depois abrir sobre o rosto o último romance policial de Agatha Christie e dormir docemente ao mormaço.

Mas não faço. Queria tanto, mas não faço. O inquieto coração que ama e se assusta e se acha responsável pelo céu e pela terra, o insolente coração não deixa. De que serve, pois, aspirar à liberdade? O miserável coração nasceu cativo e só no cativeiro pode viver. O que ele deseja é mesmo servidão e tranquilidade: quer reverenciar, quer ajudar, quer vigiar, quer se romper todo. Tem que espreitar os desejos do amado, e lhe fazer as vontades, e atormentá-lo com cuidados e bendizer os seus caprichos, e dessa submissão e cegueira tira sua única felicidade.

Tem que cuidar do mundo e vigiar o mundo, e gritar os seus brados de alarme que ninguém escuta e chorar com antecedência as desgraças previsíveis e carpir junto com os demais as desgraças acontecidas; não que o mundo lhe agradeça nem saiba sequer que esse estúpido coração existe. Mas essa é a outra servidão do amor em que ele se compraz — o misterioso sentimento de fraternidade que não acha nenhuma China demasiado longe, nenhum negro demasiado negro, nenhum ente demasiado estranho para o seu lado sentir e gemer e se saber seu irmão.

E tem o pai morto e a mãe viva, tão poderosos ambos, cada um na sua solidão estranha, tão longe de nossos braços.

E tem a pátria que é coisa que ninguém explica, e tem o Ceará, valha-me Nossa Senhora, tem o velho pedaço de chão sertanejo que é meu, pois meu pai o deixou para mim como o seu pai já lho deixara e várias gerações antes de nós passaram assim de pai a filho.

E tem a casa feita pela nossa mão, toda caiada de branco e com janelas azuis, tem os cachorros e as roseiras.

E tem o sangue que é mais grosso que a água e ata laços que ninguém desata, e não adianta pensar nem dizer que o sangue não importa, porque importa mesmo. E tem os amigos que são os irmãos adotivos, tão amados uns quanto os outros.

E tem o respeitável público que há vinte anos nos atura e lê, e em geral entende e aceita, e escreve e pede providências e colabora no que pode. E tem que se ganhar o dinheiro, e tem que se pagar imposto para possuir a terra e a casa e os bichos e as plantas; e tem que se cumprir os horários, e aceitar o trabalho, e cuidar da comida e da cama. E há que se ter medo dos soldados, e respeito pela autoridade, e paciência em dia de eleição. Há que ter coragem para continuar vivendo, tem que se pensar no dia de amanhã, embora uma coisa obscura nos diga teimosamente lá dentro que o dia de amanhã, se a gente o deixasse em paz, se cuidaria sozinho, tal como o de ontem se cuidou.

E assim, em vez da bela liberdade, da solidão e da música, a triste alma tem mesmo é que se debater nos cuidados, vigiar e amar e acompanhar medrosa e impotente a loucura geral, o suicídio geral. E adular o público e os amigos e mentir sempre que for preciso e jamais se dedicar a si própria e aos seus desejos secretos.

[2] Essa crônica foi publicada originalmente em Rachel de Queiroz, *Um alpendre, uma rede, um açude*. Rio de Janeiro: José Olympio.

Prisão de sete portas, cada uma com sete fechaduras, trancadas com sete chaves, por que lutar contra as tuas grades?

O único desabafo é descobrir o mísero coração dentro do peito, sacudi-lo um pouco e botar na boca toda a amargura do cativeiro sem remédio, antes de o apostrofar. Te dana, coração, te dana!

(Rachel de Queiroz. *As cem melhores crônicas brasileiras*. Seleção de Joaquim Ferreira dos Santos. São Paulo: Objetiva, 2007 74-76)[2].

Quanto ao universo de referência

(a) A crônica em análise tem como definição referencial um elemento da *realidade*, concretamente da realidade psicológico-afetiva do sujeito — *um desejo do autor para o ano de 1950*, que começava naqueles dias. Evidentemente, o eu do texto pode referir-se ou não à pessoa física de Rachel de Queiroz, como pode representar qualquer um de nós numa circunstância semelhante.

(b) O texto pertence ao domínio da *literatura*, mais especificamente da literatura que costuma ser publicada em suportes do jornalismo e que se destina à abordagem meio despretensiosa, embora literária, dos fatos do dia a dia.

(c) Por se tratar de uma crônica literária, *o texto está expresso em um estilo bem cuidado*, conforme os padrões prestigiados da língua. No entanto, por determinações do gênero que materializa (crônica), predomina uma linguagem *informal*, próxima dos relatos pessoais típicos da oralidade coloquial (basta ver a expressão *Te dana!*, que aparece do começo ao fim).

(d) Os *destinatários previstos são os supostos interessados pela literatura*, leitores, na sua maioria, pertencentes a um grupo com certo grau de letramento.

(e) O conjunto desses elementos leva a autora para uma formulação discursiva mais elaborada e para opções linguísticas mais prestigiadas, deixando, assim, o texto em condições de *adequação contextual satisfatória*.

Quanto à unidade temática

(a) A crônica se desenvolve em torno da descrição de *'um possível desejo'* da autora, na passagem do ano de 1950. Em resposta a uma jornalista que lhe pergunta 'qual o seu maior desejo para o ano que se inicia', a autora começa por detalhar o que seria seu real desejo, na verdade, um inconfessável desejo, para, depois, descrever sua rendição aos imperativos do 'coração', à 'servidão do amor' que fatalmente guia o destino humano. Os pormenores desse desejo e as razões pelas quais ele não pode ser acatado é que vai marcando, passo a passo, o percurso do texto.

Quanto à progressão do tema

(a) O pretexto inicial do texto — *um desejo para o ano que começa* — passa a ser o fio condutor de todo o seu desenvolvimento.

(b) O ponto de partida é a confissão desse desejo: "*que tudo se dane!*". Um desejo sentido, mas inaceitável e, por isso, inconfessável *(a verdade verdadeira que eu falar não posso)*. Esse desejo, nos cinco parágrafos seguintes, é detalhadamente descrito. Que se dane o mundo, que se dane o homem amado, que se dane o público leitor, que se dane a pátria, o dinheiro, o bom nome, o respeito, a amizade, o amor. Que se dane a parentela. A consciência de que esse desejo não é de todo legítimo, pois fere os princípios elementares da boa convivência, está expressa já no título, pelo recurso ao advérbio 'talvez': *Talvez o último desejo.*

(c) O tema avança na confissão da autora de que 'o seu maior desejo' seria tomar essa atitude de desprezo por tudo. Mas não o faz. E aí prossegue no detalhamento de todos os motivos por que não o faz, repassando quase todos os elementos considerados no bloco anterior: o amado, o mundo, a pátria, a parentela, o respeitável público etc.

(d) E como abertura e coroamento desses detalhes, sobressai a ideia de que o desejo de mandar que 'tudo se dane!' não é viável porque *o insolente coração não deixa.*

(e) Essa ideia da total submissão às leis do coração é expressa nos fragmentos *O miserável coração nasceu cativo e só no cativeiro pode viver; Prisão de sete portas, cada uma com sete fechaduras, trancadas com sete chaves, por que lutar contra as tuas grades?; cativeiro sem remédio.* Ou seja, render-se à servidão do amor constitui um destino incorrigível, uma espécie de sina fatal de nós todos, da qual não podemos fugir. *Prisão de sete portas, cada uma com sete fechaduras, trancadas com sete chaves, por que lutar contra as tuas grades.*

(f) A aceitação da impotência humana, frente aos imperativos do coração, se expressa também no fragmento: *fraternidade que não acha nenhuma China demasiado longe.* Isto é, a realidade objetiva se neutraliza frente à incorrigível servidão do amor.

(g) Como dissemos na abertura desse tópico, todo o texto é costurado em torno da expressão de um desejo e da impossibilidade de se render a ele. Constitui, assim, uma peça só: razões de um desejo, detalhadamente descrito, que não pode ser cumprido, por razões que são também apresentadas.

(h) A consciência dessa impossibilidade se manifesta, no final da crônica, com a expressão: *Te dana, coração.* Ou seja, é melhor entregar-se, deixar que o coração comande, sem questionamentos.

Quanto ao propósito comunicativo

(a) O texto em análise, como vimos, pertence ao domínio literário e, como tal, tem uma finalidade de encantamento, sobretudo; isto é, não tem propriamente um propósito informativo ou expositivo acerca de um ponto conceitual qualquer.

(b) Mais especificamente, a crônica *Talvez o último desejo* responde a um objetivo de caráter expressivo, centrado na exposição das particularidades, mesmo eventuais, daquele que está com a palavra. No entanto, a crônica de Rachel pode servir de apoio à reflexão sobre a contingência humana, que é destinada à liberdade, mas, paradoxalmente, se mantém cativa e irremediavelmente presa às convenções, às razões da própria vida e aos laços que vão atando os seres uns aos outros.

Quanto aos esquemas de composição do texto, conforme seu tipo e gênero

(a) A crônica, apesar de constituir a confissão pessoal (escrita em primeira pessoa) de um estado de espírito da autora, se constitui numa espécie de descrição desse estado. Primeiramente, a descrição de sua disposição inicial de 'mandar que tudo se dane'. Depois, a descrição das razões impostas pelo coração, que impede, sob coerção, a concretização desse desejo. Ou seja, o texto é eminentemente descritivo.

(b) Quanto ao gênero, se enquadra na categoria da '*crônica*': um gênero que surgiu na relação da literatura com a imprensa (os primeiros cronistas recebiam como missão escrever um relato dos fatos da semana ou dos costumes que marcavam a vida social). Daí uma característica distintiva da crônica: seu tema são episódios do cotidiano, naquilo que eles têm de detalhe e que, aos olhos comuns, podem não significar nada. Aos olhos do cronista, no entanto, esses detalhes se convertem em material para relatos e descrições cheios de estilo, de muita graça e de muito encanto literário. Ocupam os grandes jornais brasileiros, constituindo, para o leitor, uma pausa diante das notícias dos tristes casos, das crises e das tragédias. Quase sempre, essas crônicas se transformam depois em livros de grande aceitação do público interessado pela boa escrita[3].

[3] Como item do programa, uma boa opção para o professor seria explorar com os alunos as características discursivas e textuais do gênero crônica, depois, é claro, de oferecer-lhes oportunidades de leitura e apreciação desse gênero, tão bem representado nas páginas da literatura nacional, de todas as épocas e estilos, capaz de interessar até mesmo os leitores não muito aficionados pela leitura.

Quanto à relevância informativa

(a) A grande 'novidade' da crônica em análise está na forma tão cheia de detalhes graciosos como é feita a descrição do estado de espírito do enunciador. A sequência em que esses detalhes são descritos é suficiente para prender o leitor e para suscitar nele o encontro com esse inevitável conflito entre o que nos dá vontade de fazer, por vezes, e a coerção natural da vida, que nos deixa presos às convenções e normas sociais.

Quanto às relações com outros textos

(a) A crônica "Talvez o último desejo" revela intertextualidade, sobretudo no sentido amplo do termo, pois se conforma à configuração estrutural do gênero e à outra do tipo descritivo-narrativo de um relato. Além disso, são muitas as referências feitas à realidade física e cultural da vida da autora, o que mobiliza o conhecimento do leitor em relação aos esquemas de organização dessa realidade. Analisemos, por exemplo, quanto de outros textos está presente no seguinte fragmento: *rede branca armada debaixo da jaqueira, ficar balançando devagar para espantar o calor, roer castanha de caju confeitada sem receio de engordar, e ouvir na vitrolinha portátil todos os discos de Noel Rosa, com Araci e Marília Batista. Depois abrir sobre o rosto o último romance policial de Agatha Christie e dormir docemente ao mormaço.*

(b) Como exemplos de intertextualidade restrita, pode ser citada a alusão ao poema de Manuel Bandeira "Vou-me embora pra Pasárgada", além das referências já feitas a nomes da realidade artística nacional. A autora espera que o leitor saiba reconhecer esses lances de intertextualidade e o significado que lhes foi atribuído. A referência ao poema de Bandeira, por exemplo, condiz com a disposição que está sendo descrita pela autora: *mandar que tudo se dane*! Nada mais coerente, portanto, que 'fugir' para uma terra 'onde se é amigo do rei' e se pode tudo fazer.

5.2.1. Observações sobre alguns fatos gramaticais verificados na crônica "Talvez o último desejo"

Ao longo das análises precedentes, fui pontuando um ou outro item gramatical que mais diretamente concorreram para os sentidos globais do texto. Além desses itens, vale destacar, por exemplo, que:

(a) o uso recorrente da primeira pessoa do singular (eu, me, meu, mim), em todo o texto, condiz com a especificidade do gênero: uma espécie de desabafo, de confissão pessoal acerca de sentimentos que parecem não abertamente confessáveis;

(b) a repetição e a redundância em: *Mas a verdade, a verdade verdadeira que eu falar não posso*, também é coerente com a impressão da narradora de que deve esconder o que sente: esta é toda a verdade e deve ser dita enfaticamente;

(c) a linguagem expressiva da confissão pessoal, inserida no domínio da literatura, favorece o uso de metáforas e metonímias, como, entre outras: - *abrir os braços para o mundo, olhar para ele bem de frente e lhe dizer na cara: Te dana!*; - *o sangue (...) ata laços que ninguém desata; a amargura do cativeiro sem remédio*;

(d) a inserção de vários segmentos descritivos na narrativa favoreceu a ocorrência de enumerações, como em: *Ao planeta com todos os seus homens e bichos, ao continente, ao país, ao Estado, à cidade, à população, aos parentes, amigos e conhecidos.* A pontuação adotada pelo uso das sucessivas vírgulas sinaliza esse caráter enumerativo do trecho;

(e) o caráter literário da crônica em análise, desenvolvida em torno de uma confissão pessoal e meio espontânea, justifica o uso reiterado da conjunção 'e' (polissíndeto, como se chama), no trecho seguinte e em muitas outras passagens: *E adular o público e os amigos e mentir sempre que for preciso e jamais se dedicar a si própria e aos seus desejos secretos. (...) E tem o pai...; E tem a pátria; E tem a casa; E tem o sangue; E tem o respeitável público que ... nos atura e lê, e ... entende e aceita, e escreve e pede providências e colabora no que pode; E tem que se ganhar o dinheiro, e tem que se pagar imposto...* Observe-se também o paralelismo sintático desse trecho, reforçado pela repetição da forma verbal 'tem'; o teor quase informal da confissão pessoal em análise propicia a ocorrência de recursos enfáticos, como os que acabamos de pontuar;

(f) a próclise no início da frase, em: *Me deitar numa rede branca*, situa a confissão num contexto de informalidade, o que se ajusta à pretensão de expor 'sentimentos bem pessoais'. Por sinal, a crônica em análise mescla palavras do vocabulário informal *(lhe dizer na cara; Te dana!; valha-me Nossa Senhora; roer castanha de caju, adular)*; com outras menos comuns e até eruditas *(brado, carpir, apostrofar, mísero)*, além de construções como: *o seu pai já lho deixara*;

(g) o uso do advérbio '*talvez*' no título já indicia a desconfiança da autora de que seu desejo não deve ser confessado;

(h) há um diálogo na crônica, há um interlocutor invocado (o coração), o que se mostra sinalizado no uso da segunda pessoa em: *Prisão de sete portas, cada uma com sete fechaduras, trancadas com sete chaves, por que lutar contra as tuas grades. Te dana, coração, te dana!*

(i) A crônica finaliza, enfaticamente, com uma expressão bem popular, bem típica das circunstâncias de desabafo ou xingamento; nada mais coerente diante de um "coração" que não se deixa domar: *Te dana, coração, te dana!*

5.3. Análise da fábula "Os urubus e os sabiás"

OS URUBUS E OS SABIÁS

Tudo aconteceu numa terra distante, no tempo em que os bichos falavam... Os urubus, aves por natureza becadas, mas sem grandes dotes para o canto, decidiram que, mesmo contra a natureza, eles haveriam de se tornar grandes cantores.

E para isto fundaram escolas e importaram professores, gargarejaram dó-ré-mi-fá, mandaram imprimir diplomas, e fizeram competições entre si, para ver quais deles seriam os mais importantes e teriam a permissão de mandar nos outros.

Foi assim que eles organizaram concursos e se deram nomes pomposos, e o sonho de cada urubuzinho, instrutor em início de carreira, era se tornar um respeitável urubu titular, a quem todos chamavam por Vossa Excelência.

Tudo ia muito bem até que a doce tranquilidade da hierarquia dos urubus foi estremecida. A floresta foi invadida por bandos de pintassilgos tagarelas, que brincavam com os canários e faziam serenatas com os sabiás.

Os velhos urubus entortaram o bico, o rancor encrespou a testa e eles convocaram pintassilgos, sabiás e canários para um inquérito.

— Onde estão os documentos dos seus concursos?

E as pobres aves se olharam perplexas, porque nunca haviam imaginado que tais coisas houvesse. Não haviam passado por escolas de canto, porque o canto nascera com elas. E nunca apresentaram um diploma para provar que sabiam cantar, mas cantavam, simplesmente...

— Não, assim não pode ser. Cantar sem a titulação devida é um desrespeito à ordem.

E os urubus, em uníssono, expulsaram da floresta os passarinhos que cantavam sem alvarás...

MORAL: Em terra de urubus diplomados não se ouve canto de sabiá.

(Rubem Alves, *Estórias de quem gosta de escrever*, Cortez Editora: São Paulo, 1984: 61-62).

Quanto ao universo de referência

(a) O texto remete para o mundo da ficção, para um lugar e um tempo em que "os bichos falavam", pelo que se sabe, um lugar e um tempo que não existiram. Na verdade, essa ida a um 'mundo que não existiu' é apenas um pretexto para se pôr em questão algum elemento do 'mundo que existe'. Os animais 'falantes' preenchem a representação dos verdadeiros 'falantes': nós, os humanos. Ou seja, o mundo fictício que serve de cenário ao acontecimento constitui uma metáfora do mundo das decisões institucionais, onde a burocracia, por vezes, favorece a negação dos valores humanos mais intrinsecamente naturais *(Em terra de urubus diplomados não se ouve canto de sabiá)*.

(b) Poderia ser considerado como pertencente ao domínio da *literatura*. Afinal, trata-se de uma fábula. Entretanto, a julgar pelo título do livro em que está publicado, *Estórias de quem gosta de escrever*, o texto também poderia ser inserido no domínio pedagógico, mais especificamente naquele domínio que remete para os espaços institucionais encarregados de conferir poderes — [os urubus] *decidiram que, mesmo contra a natureza, eles haveriam de se tornar grandes cantores* e de legitimar a atuação das pessoas nesses espaços: *Cantar sem a titulação devida é um desrespeito à ordem*.

(c) Percebe-se um certo nível de formalidade, conforme a norma prestigiada da língua, até mesmo por se tratar de um texto com pretensões pedagógicas e por ter como cena a instalação de procedimentos formais que, na hierarquia das instituições, controlam as decisões burocráticas.

(d) Os destinatários previstos são os leitores interessados pelas questões institucionais, das quais decorrem muitos de nossos direitos sociais.

Tais leitores representam, na sua maioria, o grupo que detém certo grau de letramento.

(e) O conjunto desses fatores leva o autor para uma formulação discursiva mais elaborada e para opções linguísticas mais prestigiadas, (por exemplo, entre muitas outras passagens: *E as pobres aves se olharam perplexas, porque nunca haviam imaginado que tais coisas houvesse)*, deixando, assim, o texto em condições de adequação contextual satisfatória.

Quanto à unidade temática

(a) O percurso da fábula em análise respeita uma sequência de fatos que constitui o núcleo da metáfora criada: a irracionalidade dos humanos, na avaliação de determinados direitos sociais, se assemelha à dos urubus, que, investidos de poder (eram 'urubus becados'), decidem 'quem pode ou não cantar na floresta', mesmo que essa decisão contrarie as leis fundamentais da natureza. A 'atuação dos urubus' — desde a sua investidura no poder até a última decisão — constitui o fio que marca o texto, do início ao fim.

Quanto à progressão do tema

(a) A progressão do tema está vinculada à sequência dos fatos: o projeto original dos urubus ou suas pretensões de se tornarem cantores; *(Os urubus, aves por natureza becadas, mas sem grandes dotes para o canto, decidiram que, mesmo contra a natureza, eles haveriam de se tornar grandes cantores);* as providências tomadas para que suas pretensões se concretizassem *(fundaram escolas e importaram professores, gargarejaram dó-ré-mi-fá, mandaram imprimir diplomas, e fizeram competições entre si);* a chegada das outras aves a esse 'novo mundo de urubus cantores'; a reação dos urubus por considerarem-se vítimas de uma invasão *(Os velhos urubus entortaram o bico, o rancor encrespou a testa e eles convocaram pintassilgos, sabiás e canários para um inquérito);* o desfecho irracional com a expulsão da floresta dos pássaros que, apesar de naturalmente cantores, não tinham documentos que os autorizassem a exercitar suas aptidões *(E os urubus, em uníssono, expulsaram da floresta os passarinhos que cantavam sem alvarás...)*

(b) Na verdade, há um esquema de desenvolvimento bem claro: uma situação de desequilíbrio é criada, frente à constatação de que o 'estabelecido' *(Os urubus não tinham grandes dotes para o canto")* não satisfaz. Ou seja, diante dessa limitação, um conflito é criado e uma decisão é tomada: os urubus (representantes do poder — eram 'becados') decidem tornar-se cantores, e, mais que isso, institucionalizam (com 'papel passado' e tudo) o direito de cantar na floresta. O desfecho, autoritário e irracional, ratifica a ideia de que, por vezes, a vida natural — por mais legítima que sejam suas demandas — perde diante das convenções sociais.

(c) A sequência (temporal ou causal) das ações é indicada linguisticamente, sobretudo no início dos sucessivos parágrafos: *Tudo aconteceu; E para isto...; Foi assim que...; Tudo ia muito bem até que...; E as pobres aves...; E os urubus...* Essas mesmas marcas (e a segmentação em parágrafos) também podem ser vistas como sinalizações dos núcleos maiores em que o texto se organiza: o início do processo, as ações que o desenvolvem, a mudança geradora do conflito, a reação a essa mudança e o desenlace final.

Quanto ao propósito comunicativo

(a) O texto, como todas as fábulas, parece ser apenas uma narrativa curta, sem outro grande propósito que não contar um fato ou relatar uma trama que têm como atores animais personificados, numa representação metafórica da convivência entre humanos. Sabemos, no entanto, que a fábula, por trás dos episódios narrados, pretende fazer uma avaliação dos comportamentos humanos e trazer um ensinamento, o que vem expresso no final com a indicação: MORAL.

(b) No caso em análise, o ponto visado é a prepotência de alguns detentores do poder, que abusam da autoridade para fazer valer suas vontades, mesmo se essas contrariam o que é uma prerrogativa garantida pela natureza: [Os urubus] *decidiram que, mesmo contra a natureza, eles haveriam de se tornar grandes cantores".* E, como culminância de suas poderosas manobras, *em uníssono, expulsaram da floresta os passarinhos que cantavam sem alvarás...* Ou seja, a burocracia das instituições — que por vezes está travestida das mais nobres intenções — pode comprometer a própria afirmação das condições humanas fundamentais, mesmo contrariando o que é mais legítimo *(o canto nascera com elas* [as aves]).

Quanto aos esquemas de composição do texto, conforme seu tipo e gênero

(a) Do tipo narrativo, o texto se desenvolve em torno de uma série de fatos imaginários, que fazem parte de uma trama maior, a qual tem lugar num espaço (a floresta) e envolve, como agentes, seus habitantes (as aves). Nessa trama, ocorre um conflito ('urubus' *versus* as 'outras aves'), cujo desfecho constitui a matéria prima para o final da narrativa: [os urubus] *em uníssono, expulsaram da floresta os passarinhos que cantavam sem alvarás...* A predominância dos verbos no pretérito perfeito — desde a abertura: *Tudo aconteceu...* — marca a cronologia retroativa dos fatos narrados. Esse caráter narrativo também se evidencia no contraste entre os parágrafos narrativos (vejamos os primeiros, por exemplo, onde se mostra a cronologia das ações) e os não narrativos, onde aparecem informações complementares para a melhor avaliação dessas ações (vejamos o seguinte parágrafo: *E as pobres aves se olharam perplexas, porque nunca haviam imaginado que tais coisas houvesse. Não haviam passado por escolas de canto, porque o canto nascera com elas. E nunca apresentaram um diploma para provar que sabiam cantar, mas cantavam, simplesmente).*

(b) Quanto ao gênero, são evidentes as características da fábula: a criação de uma narrativa com animais, que, personalizados, protagonizam uma cena qualquer, em que se pode reconhecer, metaforicamente, a atuação de humanos como pretextos para a defesa de um determinado valor moral. Formalmente, esse pretexto é sinalizado no final com a palavra: MORAL.

Quanto à relevância informativa

(a) O interesse despertado pela fábula em questão reside, sobretudo, na abordagem metafórica dada à crítica central: as instituições (e suas leis) podem desconsiderar as determinações naturais de seus membros. A relevância remete à decisão do narrador de, concedendo destaque a uma nova forma textual — uma fábula — expressar um conteúdo que, se já é conhecido, parece novo pela formulação que assume.

Quanto às relações com outros textos

(a) A intertextualidade básica é aquela comum a todos os textos: cada um está em relação intertextual com todos os outros do mesmo tipo e do mesmo gênero. Além disso, todo o conteúdo expresso faz parte de um acervo prévio de informações que nos faz reconhecer uma floresta, as atividades dos pássaros, com suas diferentes habilidades, e, metaforicamente, o comportamento de certas pessoas que assumem a liderança em determinadas instituições, suas arrogâncias e todas as estratégias de que lançam mão para conseguir seus intentos. ([Os urubus] *fundaram escolas, importaram professores, gargarejaram dó-ré-mi-fá, mandaram imprimir diplomas, fizeram competições entre si, organizaram concursos e se deram nomes pomposos — para ver quais deles seriam os mais importantes e teriam a permissão de mandar nos outros)*. Esse trecho não poderia ser entendido se não resgatássemos aí o conhecimento intertextual que temos dos esquemas que já vimos ou dos quais nos falaram.

5.3.1. Observações sobre alguns fatos gramaticais verificados na fábula "Os urubus e os sabiás"

A análise já realizada acerca de aspectos da significação global da fábula em questão já considerou aspectos da gramática envolvidos, como era natural acontecer. Entretanto, gostaria de destacar ainda os itens descritos a seguir.

(a) Em: *Os urubus, aves por natureza becadas* é dada, no fragmento sublinhado, uma informação adicional; vale considerar que não basta identificar esse fragmento como um aposto — sua função sintática; vale chamar a atenção para a função textual do fragmento: uma inserção pela qual se acrescenta uma informação que é relevante para o sentido geral do texto — os urubus tinham um poder, aquele simbolizado pela 'beca', o qual, no quadro geral do episódio relatado, não significava muito, pois eles não tinham os poderes oriundos do canto; nesse ponto, vale ressaltar o sentido de oposição da conjunção em: *aves por natureza becadas, mas sem grandes dotes para o canto.*

(b) Uma outra inserção textualmente significativa aparece em: [os urubus] *decidiram que, mesmo contra a natureza, eles haveriam de se tornar grandes cantores*; pelo fragmento sublinhado fica expresso que 'as aves becadas', para realizarem seu intento, estavam dispostas *até* a contrariar a natureza; destaquemos os sentidos de oposição ('contra') e de concessão ('mesmo') expressos nesse trecho; esses sentidos são de muita relevância para a coerência global do texto, pois, no final do episódio, outra vez, a natureza será contrariada quando 'as aves sem alvarás forem proibidas de cantar'.

(c) Em: *E para isto fundaram escolas*, é imprescindível retomar o segmento anterior 'tornar-se grandes cantores'; a identificação do elemento a que o pronome se refere é fundamental para que se estabeleça a continuidade da narrativa; o mesmo se pode afirmar do trechinho com que se inicia o parágrafo seguinte: *Foi assim que eles organizaram concursos*; ou seja, o que tem relevância, para entender o que é dito, é identificar os elementos referidos por esses itens gramaticais;

(d) no trecho: *Tudo ia muito bem até que a doce tranquilidade da hierarquia dos urubus foi estremecida*, é significativa a locução 'até que', uma indicação de 'tempo terminal', em relação à continuidade temporal expressa pelo uso do pretérito imperfeito em: *Tudo ia muito bem*;

(e) em termos de concordância verbal, merece destacar os usos do verbo 'haver' (como auxiliar ou como verbo principal), com exigências de concordância diferentes, no trecho: *E as pobres aves se olharam perplexas, porque nunca haviam imaginado que tais coisas houvesse. Não haviam passado por escolas de canto*; o uso do verbo como auxiliar também poderia ser visto em: *eles haveriam de se tornar grandes cantores*;

(f) em: *E as pobres aves se olharam perplexas, porque nunca haviam imaginado que tais coisas houvesse. Não haviam passado por escolas de canto, porque o canto nascera com elas. E nunca apresentaram um diploma para provar que sabiam cantar, mas cantavam, simplesmente*, as marcas de plural nos verbos sublinhados funcionam como sinais que confirmam a manutenção da mesma referência feita em 'as pobres aves'; estas marcas de plural sinalizam, portanto, a coesão do texto, mais especificamente, sua continuidade referencial;

(g) em: *a doce tranquilidade da hierarquia dos urubus foi estremecida. A floresta foi invadida por bandos de pintassilgos tagarelas*, poderia ser explorado:

(h) o paralelismo sintático dos dois segmentos, o que constitui um nexo de coesão;

(i) o fato de os dois verbos estarem na passiva, o que tira da evidência o 'agente' causador das ações descritas;

(j) o detalhe de que o segundo segmento *(A floresta foi invadida)* estabelece um sentido de 'causalidade' em relação ao primeiro;

(k) o fato de a indicação do 'agente' somente aparecer no segundo segmento.

Ou seja, reconhecer os itens gramaticais de um texto — indicando, inclusive, suas nomenclaturas e classificações — é muito pouco; é preciso ir além para identificar as funções textuais que esses itens desempenham. Nada acontece aí gratuitamente.

Passemos em seguida a um outro texto.

5.4 Análise do texto expositivo "A geografia linguística no Brasil"

A GEOGRAFIA LINGUÍSTICA NO BRASIL

É por meio da língua que o homem expressa suas ideias, as ideias de sua geração, as ideias da comunidade a que pertence, as ideias de seu tempo. A todo instante, utiliza-a de acordo com uma tradição que lhe foi transmitida, e contribui para sua renovação e constante transformação. Cada falante é, a um tempo, usuário e agente modificador de sua língua, nela imprimindo marcas geradas pelas novas situações com que se depara. Nesse sentido, pode-se afirmar que, na língua, se projeta a cultura de um povo, compreendendo-se cultura no seu sentido mais amplo, aquele que abarca "o conjunto dos padrões de comportamento, das crenças, das instituições e de outros valores espirituais e materiais transmitidos coletivamente e característicos de uma sociedade.", segundo o novo Aurélio. (...)

Ao falar, um indivíduo transmite, além da mensagem contida em seu discurso, uma série de dados que permite a um interlocutor atento não só depreender seu estilo pessoal — seu idioleto —, mas também filiá-lo a um determinado grupo.

A entonação, a pronúncia, a escolha vocabular, a preferência por determinadas construções frasais, os mecanismos morfológicos que lhe são peculiares podem servir de índices que identifiquem:

(a) o país ou a região de que se origina;

(b) o grupo social de que faz parte (seu grau de instrução, sua faixa etária, seu nível socioeconômico, sua atividade profissional);

(c) a situação (formal ou informal) em que se encontra. (...)

O Brasil, em decorrência do processo de povoamento e colonização a que foi submetido bem como das condições em que se deu sua independência política e seu posterior desenvolvimento, apresenta grandes contrastes regionais e sociais, estes últimos perceptíveis mesmo em grandes centros urbanos, em cuja periferia se concentram comunidades mantidas à margem do progresso.

Um retrato fiel, atual, de nosso país teria de colocar lado a lado: executivos de grandes empresas; técnicos que manipulam, com desenvoltura, o computador; operários de pequenas, médias e grandes indústrias; vaqueiros isolados em latifúndios; cortadores de cana; pescadores artesanais; plantadores de mandioca em humildes roças; pombeiros que comerciam pelo sertão; indígenas aculturados. (...)

Detentores de antigos costumes portugueses aqui reelaborados pelo contato com outra terra e outras gentes ou, já em acelerado processo de mestiçagem étnica e linguística, esquecidos das origens, esses homens e mulheres guardam, na sua forma de expressão oral, as marcas de nossa identidade linguístico-cultural e a resposta a muitas indagações e a diversas hipóteses sobre a história e o estado atual do português do Brasil.

(Sílvia F. Brandão. *A geografia linguística no Brasil.* São Paulo: Ática, 1991. p.5-17. Adaptado)[4].

[4] Este texto reúne quatro fragmentos diferentes do livro da Profª Sílvia Brandão (fragmentos que se encontram entre as páginas 5 e 17). O título do texto corresponde ao título do livro.

Quanto ao universo de referência

(a) O texto remete ao mundo da exposição científica, às atividades de formação ou de aprendizagem, concretamente, à divulgação de noções teóricas que fundamentam e explicam as variações de uso das línguas e sua ligação à história e à cultura dos povos que as falam. Dessa forma, tem uma função cognitiva, enquanto assegura a transmissão dos saberes próprios de uma determinada área.

(b) Como convém a um texto dessa natureza, a linguagem utilizada prima por ser objetiva, atemporal e, praticamente, impessoal: *(É por meio da língua que o homem expressa suas ideias...; Nesse sentido, pode-se afirmar que...; Ao falar, um indivíduo transmite...).* Ou seja, o enunciador parece ausentar-se e dar a voz a um outro — universal —, supostamente confiável, tanto que as formulações assumem um caráter de generalização ('o homem'; 'Cada falante'; 'pode-se afirmar que'; 'o indivíduo', 'o falante'). Essa abordagem genérica do objeto também se evidencia pela ausência de uma localização espaçotemporal: as afirmações parecem ser válidas, independentemente das circunstâncias particulares da produção do discurso (daí o uso dos verbos no presente ['expressa', 'utiliza', 'contribui' etc.]; daí a opção por referências nominais genéricas ou indefinidas: 'um indivíduo'; 'o homem', 'o falante'; 'pode-se afirmar').

(c) Evidentemente, nesse universo, a norma é que a linguagem assuma um caráter de maior formalidade. Basta ver o seguinte parágrafo: *O Brasil, em decorrência do processo de povoamento e colonização a que foi submetido bem como das condições em que se deu sua independência política e seu posterior desenvolvimento, apresenta grandes contrastes regionais e sociais, estes últimos perceptíveis mesmo em grandes centros urbanos, em cuja periferia se concentram comunidades mantidas à margem do progresso.* Esse nível de formalidade se reflete, ainda, no uso de um vocabulário especializado, restrito a um determinado conjunto de leitores: *usuário, idioleto, entonação, pronúncia, escolha vocabular, construções frasais, mecanismos morfológicos, indígenas aculturados*", entre outros.

(d) Os *destinatários previstos* são as pessoas interessadas em questões de linguagem, sejam professores, alunos, ou outros profissionais, por algum motivo, atentos a temas dessa natureza.

(e) O conjunto desses itens deixa o texto em análise na condição de *inteiramente adequado* às suas circunstâncias de sua produção e circulação.

Quanto à unidade temática

(a) O texto começa por desenvolver a ideia de que as línguas são flexíveis e se alteram por conta das novas situações com que o falante se depara. Na verdade, *Cada falante é, a um tempo, usuário e agente modificador de sua língua.* Ou ainda, cada falante de uma língua *contribui para sua renovação e constante transformação.* Essa flexibilidade se manifesta claramente, pois, pelo próprio discurso, o falante pode ser filiado *a um determinado grupo.* Os fatos históricos que marcam a constituição de um grupo ou de uma nação, por exemplo, são determinantes para a definição de sua *identidade linguístico-cultural.* Não será diferente em relação ao *estado atual do português do Brasil.* Aqui reside o principal recado do texto: toda língua é indissociável de seus contextos histórico-culturais. Com o português do Brasil não é diferente: *os homens e mulheres que viveram um certo 'processo de povoamento e colonização' guardam, na sua forma de expressão oral, as marcas de sua identidade linguístico-cultural.*

Quanto à progressão do tema

(a) A progressão do tema se dá a partir da referência à função do uso da língua: um meio de o homem *expressar suas ideias, as ideias de sua geração, as ideias da comunidade a que pertence, as ideias de seu tempo.* Essa afirmação serve de gancho para a introdução de um tópico que vai dominar toda a exposição: o falante usa a língua conforme as particularidades culturais de seu grupo, que, assim, transparecem em sua fala, como "índices" de identificação dos sujeitos e dos grupos.

(b) Dessa vinculação da língua a suas circunstâncias de uso resulta a heterogeneidade desses usos *(Cada falante é, a um tempo, usuário e agente modificador de sua língua)* Chega-se, portanto, à compreensão da historicidade das línguas e daí à análise do que poderia ser *um retrato fiel de nosso país*, o qual — *em decorrência do processo de povoamento e colonização a que foi submetido bem como das condições em que se deu sua independência política e seu posterior desenvolvimento* — propicia a *mestiçagem étnica e linguística* de seu povo, além de *grandes contrastes regionais e sociais.*

(c) O remate da abordagem do tema reitera o ponto inicial: *na sua forma de expressão oral*, cada povo revela *as marcas de sua identidade linguístico-cultural.* No caso brasileiro, negar esse princípio seria *perder a resposta a muitas indagações e a diversas hipóteses sobre a história e o estado atual do português do Brasil.* Como se vê, o tema atravessa o texto — do início ao fim — assumindo em sua continuidade acréscimos que só reiteram seu núcleo maior.

Quanto ao propósito comunicativo

(a) O texto expõe alguns princípios teóricos, com a finalidade de fundamentar a argumentação a favor da ilegitimidade e da inconsistência de todas as apreciações preconceituosas relativas às variedades linguísticas.

(b) Dessa forma, a exposição desenvolvida tem, ao fim e ao cabo, uma pretensão argumentativa, enquanto defende a legitimidade de as línguas assumirem formas diferentes, conforme as realidades também diferentes de cada grupo ou comunidade de falantes.

Quanto aos esquemas de composição do texto, conforme seu tipo e gênero

(a) Em geral, a composição de um texto do tipo expositivo depende da opção do autor para apresentar o conteúdo temático objeto de sua exposição. Uma espécie de esquema é seguido, conforme se pretenda partir do mais geral para o mais específico (como aconteceu neste caso em estudo) ou do mais específico para o mais geral. Normalmente, um texto expositivo carrega uma pretensão explicativa, o que não apaga sua quase habitual orientação argumentativa.

(b) Quanto ao gênero — um texto expositivo, com aplicações didáticas — pode-se destacar o caráter eminentemente explicativo de seu conteúdo, quase sempre aliado a alguma orientação argumentativa, embora, por vezes, discreta e sutil, como na referência a *um retrato fiel, atual, de nosso país,* especialmente no que se refere à *história do português.*

Quanto à relevância informativa

(a) O interesse despertado pelo texto em análise decorre, sobretudo, de seu conteúdo e das pretensões argumentativas envolvidas na sua exposição. As considerações conceituais apresentadas constituem uma certa novidade e são oportunas, se temos em conta as concepções simplistas que ainda predominam na escola e até mesmo entre pessoas das comunidades letradas. As variações no uso da língua, sobretudo aquelas de certas regiões ou de certos grupos, em geral, são vistas, simplesmente, como erros e como pretextos para a discriminação preconceituosa.

Quanto às relações com outros textos

(a) A intertextualidade, em primeira instância, está presente em decorrência de sua conformidade a um tipo e a um gênero textual, reconhecíveis em nossa memória de usuário da língua. Ou seja, como leitores, podemos recuperar, pela observação de sua composição, modelos culturalmente sedimentados por gerações anteriores de usuários e, portanto, disponíveis em nosso repertório de informação. Do ponto de vista do conteúdo, é intertextual toda a gama de considerações que é feita em relação à história da língua portuguesa no Brasil *(processo de povoamento e colonização; independência política e posterior desenvolvimento)* bem como ao contingente de tipos que representariam *um retrato fiel, atual, de nosso país: executivos; técnicos; operários; vaqueiros; cortadores de cana; pescadores artesanais; plantadores de mandioca; pombeiros; indígenas aculturados.*

(b) Como ocorrência de intertextualidade restrita, vale destacar a citação literal do verbete 'cultura' em Aurélio, o Dicionário.

5.4.1. Observações sobre alguns fatos gramaticais verificados no texto expositivo "A geografia linguística no Brasil"

Destacando mais especificamente outro item da gramática, podemos chamar a atenção para, por exemplo:

(a) o uso de um recurso de ênfase presente na construção: "*É por meio da língua que o homem expressa suas ideias*"; de fato, dizer que 'o homem expressa suas ideias por meio da linguagem' é menos contundente, tem menos força; vale salientar que não basta ser fiel ao conteúdo; é preciso estar atento às intenções pretendidas; a ênfase, quando se quer salientar a consistência de um argumento, é fundamental;

(b) o uso reiterado de expressões referenciais que não especificam muito de quem estamos falando: 'o homem', 'cada falante', 'um indivíduo', 'povo'. Ou seja, o que deve ser observado é o caráter um tanto quanto neutro ou geral com que 'os sujeitos envolvidos' são referidos, o que é bem diferente, por exemplo, da referenciação expressa em um texto narrativo; a pretensão de desenvolver ideias teóricas e de garantir a recomendada neutralidade da divulgação científica impõe essa ausência de referências pessoais;

(c) o caráter enumerativo e especificador do parágrafo seguinte, o que muito bem se ajusta à intenção expositiva do texto: *Um retrato fiel de nosso país atual teria de colocar lado a lado: executivos de grandes empresas; técnicos que manipulam, com desenvoltura, o computador; operários de pequenas, médias e grandes indústrias; vaqueiros isolados em latifúndios; cortadores de cana; pescadores artesanais; plantadores de mandioca em humildes roças; pombeiros que comerciam pelo sertão; indígenas aculturados*; o anúncio de que se trata de um *retrato fiel de nosso país* justifica uma enumeração tão detalhada;

(d) a relação de causalidade do segmento seguinte expressa pelo valor semântico da expressão sublinhada: *O Brasil, em decorrência do processo de povoamento e colonização a que foi submetido (...) apresenta grandes contrastes*; esse destaque é relevante também porque revela a possibilidade de se criar relações lógicas ou argumentativas interfrasais fora do uso das conjunções causais.

5.5. Análise do poema "A missa dos inocentes"

A MISSA DOS INOCENTES

Se não fora abusar da paciência divina
Eu mandaria rezar missa pelos meus poemas que não
[conseguiram ir além da terceira ou quarta linha,
Vítimas dessa mortalidade infantil que, por ignorância dos pais,
Dizima as mais inocentes criaturinhas, as pobres...
Que tinham tanto azul nos olhos,
Tanto que dar ao mundo!
Eu mandaria rezar o réquiem mais profundo
Não só pelos meus
Mas por todos os poemas inválidos que se arrastam pelo mundo
E cuja comovedora beleza ultrapassa a dos outros
Porque está, antes e depois de tudo,
No seu inatingível anseio de beleza!

(Mário Quintana. *Quintana de bolso*. Porto Alegre: L&PM, 2006, p. 92)

Antes de qualquer tentativa de análise, vale ter em conta que *o poema* constitui um gênero literário bem particular, sobretudo na sua forma de composição, que tradicionalmente se opõe à prosa. Além disso, a função poética predominante nos poemas restringe nosso olhar sobre eles: procurar usufruir das emoções que provocam, pelos jogos de sentido provocados, pelas metáforas criadas, pelos efeitos de harmonia criados a partir da sonorização de seu material linguístico. Longe, portanto, de tomar os poemas — textos curtos, em geral — para identificar substantivos ou outras classes de unidades linguísticas. Nem mesmo o puro entendimento do poema é suficiente. Isto é, 'ler', apenas, um texto dessa natureza é pouco. É preciso senti-lo.

Que a prática de análise de poemas na escola concorra para o desenvolvimento dessa capacidade de o leitor penetrar no mundo do sentimento, no mundo do simbólico, do gosto e do encantamento estético.

Quanto ao universo de referência

(a) O texto tem como enquadramento o contexto da literatura, o universo, por excelência, das representações simbólicas, das visões metafóricas, das comparações e analogias que se esgotam na finalidade maior de, simplesmente, encantar.

(b) A análise do título já restringe o espaço onde encontrar o núcleo das imagens, da realidade simbolizada. Por um lado, a expressão 'a missa', já nos encaminha para o domínio religioso; a outra, 'dos inocentes' nos sugere qualquer coisa ligada à infância, provavelmente. De fato, na interpretação metafórica do poema, '*os inocentes*', as criancinhas, são os poemas que não *conseguiram ir além da terceira ou quarta linha*, e que tiverem, portanto, morte prematura. A 'missa' rezada é por eles. *Vítimas dessa mortalidade infantil.*

(c) O grau maior ou menor de formalidade da linguagem de um poema depende de muitos fatores, inclusivamente da vinculação da sua produção a uma determinada escola literária. O projeto literário do Modernismo brasileiro propôs um relaxamento nos níveis mais altos da formalidade linguística que marcaram escolas literárias anteriores. Vale lembrar o desabafo de Bandeira e seu apelo para que assumíssemos uma formulação menos rígida, quase coloquial, como acontece no poema em apreço.

(d) Os *destinatários previstos* são todos os leitores e nenhum em particular. Em tese, os destinatários da poesia são todos que queiram se dar ao luxo de curtir o prazer de encantar-se com os jogos artísticos possibilitados pelas palavras.

(e) O conjunto desses itens deixa o texto em análise na condição de *inteiramente adequado* às suas circunstâncias de sua produção e circulação.

Quanto à unidade temática

a) A unidade temática do poema em análise é dada pela analogia entre os poemas pensados e queridos, mas *interrompidos logo no seu começo* (os poemas inválidos) e as crianças mortas prematuramente. A imagem da morte mobiliza os esquemas do domínio religioso, e o poema passa a girar em torno de dois eixos: o da infância — (*as mais inocentes criaturinhas*) e o da morte (*rezar missa, réquiem, paciência divina*), eixos que convergem na referência a *mortalidade infantil* e que já são anunciados na formulação do título *A missa dos inocentes*.

Quanto à progressão do tema

(a) O tema, na imagem do poeta, percorre um curso que vai dos seus próprios poemas (*meus poemas*) até todo e qualquer outro (*todos os poemas inválidos que se arrastam pelo mundo*).

(b) Em princípio, o lamento se estende a todos os poemas que tiveram morte prematura; pretende-se mandar *rezar missa*, *rezar o réquiem mais profundo* por eles. No final, o poeta exalta esses poemas não consumados, exatamente por eles não terem assumido os limites de nenhuma forma concreta e poderem representar, assim, a beleza plena. Ou seja, os poemas vítimas da mortalidade infantil acabam por constituir *uma comovedora beleza* que *ultrapassa a dos outros* já existentes.

Quanto ao propósito comunicativo

(a) O propósito fundamental de um poema não é informar; não é expor um conteúdo, fazer uma advertência. É, seguramente, como já frisamos, despertar no leitor o prazer estético pelo jogo artístico das palavras e pelas imagens evocadas por esses jogos.

(b) Entretanto, um poema — ou qualquer outro gênero literário — pode preencher uma função argumentativa, por exemplo, na defesa de um ideal social ou político ou ainda como instrumento de denúncia frente às práticas sociais que ameaçam as liberdades individuais ou os direitos de grupos e comunidades.

(c) No caso em análise, pode-se perceber um fio de reflexão que exalta a suprema perfeição ou originalidade do que ainda não ganhou forma *Porque está, antes e depois de tudo, No seu inatingível anseio de beleza.* Parece poder-se reconhecer uma espécie de melancolia frente à constatação de que a concretude da vida, se é realização, também é limite. A beleza suprema está, exatamente, no '*inatingível*', naquilo que *ainda não é*. O sonho, o projeto parece ser sempre mais encantador que a realidade concreta.

Quanto aos esquemas de composição do texto, conforme seu tipo e gênero

(a) Esse poema poderia ser reconhecido como do tipo descritivo; o objeto são as impressões do eu lírico frente a seu ofício de fazer poemas, uns não abortados, outros mortos prematuramente.

(b) O gênero, é claro, é o poema, organizado em versos, distribuídos numa única estrofe. O poema em análise não explora os recursos da rima ou outros mais comuns em produções de escolas literárias não modernistas.

Quanto à relevância informativa

(a) O interesse despertado pelo poema não decorre, simplesmente, de seu conteúdo. Decorre da beleza e da graça criadas a partir da analogia entre poemas que não conseguem *ir além da terceira ou quarta linha* e crianças *Vítimas dessa mortalidade infantil que, por ignorância dos pais, Dizima as mais inocentes criaturinhas.* Essa analogia é apenas um pretexto para se abordar a ideia (meio melancólica) de que a beleza maior está no inatingível.

Quanto às relações com outros textos

(a) A intertextualidade mais ampla está na própria conformação do texto às regularidades do gênero poema. A memória das experiências de leitura prévia nos faz reconhecer aí uma amostra do interdiscurso em circulação.

(b) Como ocorrência mais restrita de intertextualidade, podemos referir as alusões que são feitas e que são dadas como supostamente conhecidas: *rezar missa, rezar o réquiem mais profundo*, pelo menos no interior da cultura ocidental. O primeiro verso, *Se não fora abusar da paciência divina* é uma clara reutilização de uma expressão que, habitualmente, antecede a formulação de um pedido mais polido.

5.5.1. Observações sobre alguns fatos gramaticais verificados no poema "A missa dos inocentes"

Algumas pequenas observações podem ser feitas. Por exemplo, vejamos:

(a) a correlação entre os tempos verbais empregados em: *Se não fora abusar da paciência divina / Eu mandaria rezar missa* e que se confirma na reiteração de mais adiante: *Eu mandaria rezar o réquiem*;

(b) o sentido de adição expresso pelas expressões sublinhadas em: *Não só pelos meus. Mas por todos os poemas inválidos que se arrastam*;

(c) o uso dos pontos de exclamação, no final de dois versos (inclusivamente, no último), o que se ajusta muito bem ao caráter expressivo do poema;

(d) o emprego das expressões sublinhadas, em *cuja [dos poemas] comovedora beleza ultrapassa a dos outros / Porque está, antes e depois de tudo*; o uso do relativo 'cujo' tem se restringido a contextos mais formais, e tem suas especificidades, aqui respeitadas (não vem precedido nem seguido de artigo, concorda em gênero e número com o substantivo que lhe segue); a expressão *antes e depois de tudo* é categórica, não deixa margem a qualquer senão;

(e) o uso do diminutivo em *as mais inocentes criaturinhas* tem um valor claramente afetivo em harmonia com a analogia criada entre os poemas não escritos e as crianças vitimadas prematuramente.

(f) Ou seja, mesmo um poema, escrito, sobretudo, para 'encantar' não prescinde — nem poderia — das determinações gramaticais. Todas as atividades da linguagem se fazem TAMBÉM com gramática; mas "se não fora abusar da paciência dos meus leitores", eu diria que não se fazem APENAS com gramática.

Enfim: o que pretendemos com essas análises foi propor algumas alternativas de como explorar textos, na perspectiva de seus aspectos globais. Como dissemos anteriormente, tais alternativas não assumem o caráter de receitas ou de fórmulas rígidas. Outras formas de ver o texto, de compreender seus mecanismos de construção, de entender suas estratégias para a produção do sentido e a expressão de intenções, outras formas, repito, podem ser descobertas ou reinventadas pelos professores. O fundamental é que o texto — na sua composição, na construção de seu sentido e de seus propósitos — venha para o centro da sala de aula, texto onde, **apenas onde**, os recursos do léxico e da gramática encontram seu pleno significado[5].

[5] Vale a pena a leitura de muitos outros livros que têm se aventurado nessa tarefa de propor análises de textos. Lembro, por exemplo: Maingueneau (2001); Faraco e Tezza (2002, 2003), Discini (2005), Koch e Elias (2006), Ilari (2001, 2002), Ilari e Basso (2006); Marcushi (2008), Gil *et alii* (2009), Abaurre *et alii* (2008); entre outros.

Capítulo 6

Fundamentos para a análise de textos: o foco em aspectos de sua construção

Tudo o que pretendemos explorar neste capítulo concerne à construção, à arquitetura do texto propriamente dita, ou seja, às opções disponíveis no quadro das regularidades textuais para fazer subir as paredes de sua sustentação.

Como na construção de um edifício, é preciso que se saiba como se juntam os vários elementos, os vários materiais que hão de resultar num todo coerente, pensado para desenvolver certas funções. A questão maior, no entanto, não é juntar as partes, dar-lhes uma junção; é fazer com que dessa junção resulte um todo funcional, com sentido e propósitos claros, de forma que se reconheça um propósito comunicativo, uma proposta de interação, uma negociação de sentido, uma ação de linguagem, enfim.

Em suma, importa responder às seguintes questões:

- que recursos existem para que se possa conseguir a construção do texto, seu desenvolvimento, sua armação?
- compor, construir um texto supõe que tipos de ações, de providências, de decisões, de recursos?
- os textos — sobretudo aqueles 'não mínimos' — contêm uma sucessão de segmentos: parágrafos, períodos, orações, palavras. Mas como dar uma arrumação, como escolher uma sequência para esses segmentos?

Insisto em que, na maioria das escolas, essas não são questões que se propõem para os alunos nas suas atividades de leitura e de escrita. Nos ciclos mais avançados do ensino, a classificação das orações, por exemplo, ocupa muito mais tempo do que a explicitação daquilo que é preciso saber para ler e escrever com sentido claro e bem expresso, com informações relevantes e adequadas às condições dos interlocutores.

A saída para esse tão grave impasse — que se arrasta há tanto, tanto tempo — é trazer *as questões textuais para o centro do ensino*. É construir à volta delas o núcleo dos programas de ensino. E aí, têm primazia no planejamento de estudo *as propriedades, as regularidades de construção e recepção dos textos*, o que significa admitir que teria primazia o *entendimento de como acontecem, na vida real das pessoas, as atividades de linguagem*, o que elas fazem para atuarem verbalmente umas com as outras.

Essas considerações parecem dispensáveis. Não são, no entanto, se nos damos ao trabalho de procurar saber o que, de fato, ainda acontece nas salas de aula desse Brasil afora (por razões que não esbarram apenas nos professores!).

Vamos, pois, explicitar os modos de funcionamento dos recursos necessários para se promover a construção de um texto e, assim, ampliar nosso entendimento daquelas questões textuais.

Evidentemente, seria impossível esgotar a totalidade desses recursos. Selecionamos, então, aqueles mais diretamente relacionados à coesão e à coerência[1].

[1] Existem atualmente muitas obras que tratam dessas questões da coesão e da coerência textuais, obras de fácil acesso para os professores. Além disso, alguns livros didáticos – sobretudo aqueles para o ensino médio – já trazem boas considerações acerca dessas propriedades textuais (ver, por exemplo, Abaurre *et al.* 2008). Remeto, pois, os leitores para consulta, entre outros, a Koch (1993), a Koch & Travaglia (1996); a Koch e Elias (2006); a Bronckart (1999), a Costa Val (1991; 2000), a Maingueneau (2001), a Antunes (1996, 2005), a Discini (2005), a Adam (2008), a Marcuschi (2008), – onde podem encontrar princípios teóricos e fartas análises do funcionamento desses princípios em textos de diferentes tipos e gêneros. Vale a pena referir ainda a coleção didática da Profª. Magda Soares, *Português: uma proposta para o letramento*, São Paulo: Moderna, 1999, onde já se pode constatar uma reorientação do ensino da língua na perspectiva de seus usos.

6.1 A coesão e a coerência

A coesão é uma das propriedades que fazem com que um conjunto de palavras funcione como um texto. Quer dizer, para que um grupo de palavras ou de frases constitua um texto, é necessário que esses conjuntos apresentem um encadeamento, uma articulação, elos de ligação, afinal. Dessa arrumação articulada resulta um fio que confere ao conjunto sequência, continuidade, unidade.

Essa continuidade transparece já na superfície do texto. Podemos reconhecê-la, formalmente, em seus diferentes tipos de nexo. Até podemos contar alguns muitos desses nexos.

No entanto, essa continuidade se estabelece pela articulação dos sentidos, sobretudo; quer dizer, é de natureza semântica, pois provê a continuidade do sentido que o texto expressa, a continuidade das ações de linguagem que o texto realiza.

Ou seja, a coesão visível funciona como marcas da coerência, como sinais ou como instruções para o cálculo de algum tipo de interpretabilidade possível. Por isso mesmo, a coesão é mais tipicamente linguística do que a coerência; isto é, se materializa nas ocorrências de vários recursos morfossintáticos e lexicais, ou, noutros termos, se faz pela mediação das relações semânticas entre palavras e categorias gramaticais.

A íntima ligação da coesão com a coerência decorre do fato de ambas estarem a serviço do caráter semântico do texto, de sua relevância comunicativa e interacional. Daí, a natural dificuldade de se separar coesão e coerência. A primeira está em função da segunda. Uma provê a outra, pois o que está na superfície (sonora ou gráfica) do texto (a coesão) está para possibilitar a expressão de um sentido, a construção de uma ação de linguagem (a coerência). Não se pode separar a forma do sentido; mais especificamente, não se pode isolar a coesão da coerência.

Consequentemente, e numa dimensão mais linguística, não se pode separar o léxico e a gramática do conteúdo e da função do texto. Quer dizer, o sentido de um texto resulta das propriedades lexicais e gramaticais das palavras que o constituem (além, é claro, de determinações pragmáticas de seus contextos de produção e circulação).

Não pode existir um texto[2] coeso e coerente sem léxico e sem gramática. Por sua vez, fora do uso, o léxico é apenas uma possibilidade, é apenas um rol de palavras, disponíveis para atualizarem um sentido quando entram na cena do texto. A gramática, também, fora do uso é um conjunto de categorias e regras abstratas, que, como o léxico, têm o caráter apenas de possibilidades.

É interessante pensarmos que, no funcionamento do dia a dia da linguagem, nem percebemos como esses recursos morfossintáticos e lexicais vão se encaixando, e, por eles, o que dizemos resulta coeso e coerente, ou seja, vai ganhando sentido, adequação e propriedade. E não percebemos tais recursos porque, mesmo intuitivamente, os empregamos, pois não costumamos produzir peças de linguagem desconectadas, isto é, soltas e descontínuas, a ponto de não se poder reconhecer em cada uma delas algum tipo de funcionalidade comunicativa[3].

[2] Evidentemente, se está considerando aqui o *texto verbal*.

[3] Por isso mesmo, causam estranhamento os exercícios escolares de formar frases soltas, de juntar palavras aleatoriamente, exercícios que ainda hoje acontecem em aulas de linguagem. ("Como pode o peixe vivo viver fora d'água fria?").

6.2 Os tipos de nexos textuais

Halliday e Hasan, em um de seus trabalhos de 1989, distinguem tipos diferentes de nexos, conforme eles criem, entre dois ou mais pontos do texto, uma relação de equivalência, ou, diferentemente, uma relação de contiguidade ou, ainda, de associação. Admitem, assim, que os nexos, como elos, unem dois pontos do texto, estabelecendo entre eles tipos diferentes de ilação. Além desses três, existem os nexos criados pela ocorrência de conjunções, preposições, advérbios e respectivas locuções.

Ou seja, podemos perceber nexos de diferentes naturezas, a saber:

- os nexos de equivalência,
- os nexos de contiguidade,
- os nexos de associação e
- os nexos de conexão ou sequenciação.

Os termos com que se denominam esses nexos já dizem muito das suas particularidades. Assim, vejamos.

a) Os nexos de equivalência acontecem quando os dois pontos do texto apresentam entre si um tipo qualquer de equivalência semântica. Por exemplo, no comentário *A mercadoria alucinógena*, pode-se reconhecer um elo de equivalência entre as duas ocorrências da expressão 'o consumidor', ocorrências que aparecem no início e no final do texto: *Enquanto <u>o consumidor</u> imagina que é um ser racional* e *<u>O consumidor</u> não vai morrer de overdose dessa droga*. Ou seja, trata-se de um nexo de equivalência porque, nos dois pontos, o objeto de referência é o mesmo. Trocando em miúdos: nos dois pontos do texto está-se referindo ao mesmo objeto. Igualmente, entre as expressões 'O guaraná em lata' e 'o tal refrigerante', acontece um nexo de equivalência. Naturalmente, essa retomada constitui um elo de coesão, de articulação. Sem dúvida, muitos outros elos de equivalência aconteceram, promovendo a continuidade requisitada para a sua coerência.
b) Os nexos de contiguidade acontecem quando, entre dois pontos do texto, se estabelece uma relação de quase equivalência, ou, pelo menos, de uma equivalência que é apenas parcial. Por exemplo, em *A mercadoria alucinógena*, aparecem as expressões 'a publicidade na TV' e, simplesmente, 'a publicidade'. Efetivamente, não há entre os dois objetos uma equivalência, pois a publicidade, como se sabe, existe para além da TV. Mas também não se pode negar que existe entre as duas expressões uma forte contiguidade, tanto assim que os objetos em questão são nomeados pela mesma palavra (publicidade). Apenas, uma é mais específica que as outras.

c) Os nexos de associação ocorrem quando duas ou mais palavras guardam uma relação de proximidade semântica, de maneira que uma lembra a outra, ou, como se diz coloquialmente, uma tem alguma coisa a ver com a outra. Esse tipo de nexo é bastante comum em todos os tipos de texto; o mais comum entre todos, opinam os autores Halliday e Hasan (1976 e 1989). São nexos que decorrem da própria unidade semântica do texto, ou resultam da exigência de que um texto deve concentrar-se num determinado tema ou tópico. Se, por exemplo, em um comentário, se fala de um mesmo tema, é natural que as palavras estejam em convergência semântica com esse tema. Daí que a maioria dos nexos que acontecem nos textos são nexos por associação semântica. Voltando à análise do texto "A mercadoria alucinógena", podemos constatar que cada palavra está em algum tipo de ligação semântica com outras, ou pelo menos, com outra. Vejamos alguns desses nexos, por exemplo:

TV	→	*telespectador;*
publicidade	→	*comerciais;*
mercadorias	→	*bugigangas;*
mercadoria	→	*consumidor;*
juízo	→	*razão;*
violonistas	→	*guitarristas;*
baratos astrais	→	*mercadorias alucinógenas*
	→	*gozo alucinado*
	→	*alucinação imaginária*
	→	*felicidade etérea, irreal e imaterial*
	→	*gozo fictício;*
campanhas	→	*público,* e muitas outras sequências de itens.

d) Os nexos de conexão ou sequenciação acontecem pela ocorrência das expressões comumente chamadas de conectivos, ou seja, as conjunções, as preposições, alguns advérbios e respectivas locuções. São nexos que figuram, preferencialmente, entre parágrafos, entre períodos ou orações.

Cumprem, exatamente, a função de ligar esses segmentos, estabelecendo entre eles algum tipo de relação semântica (relação de causalidade, de finalidade, de condicionalidade, de temporalidade, de oposição, de junção, entre outras).

Um conjunto de elos da mesma natureza constitui *uma cadeia de elos*. Assim, podemos perceber em um texto *cadeias de nexos* de equivalência, cadeias de nexos de contiguidade ou cadeias de nexos de associação. Quanto mais um texto é atravessado por essas cadeias mais coesivo ele é[4].

Os nexos e as cadeias de nexos acontecem por meio de um grupo de recursos linguísticos, lexicais e gramaticais, como passamos a considerar em seguida[5].

[4] Limito-me aqui a apresentar as noções fundamentais que nos possibilitam entender como se dá a coesão do texto. No capítulo seguinte, mostro, em textos, casos de sua ocorrência.

[5] Acerca das cadeias do texto, é proveitosa a leitura do livro de Cláudia Roncarati (2010).

6.3 Recursos de constituição dos nexos textuais

Retomando os quatro tipos anteriores de nexos (por equivalência, por contiguidade, por associação, por conexão), podemos perceber que uns se valem mais especificamente do léxico, outros da gramática, outros do léxico e da gramática. De qualquer forma, estabelecer limites entre o que é resultado do léxico ou da gramática é, na maioria das vezes, reduzir os fatos e cair na imprecisão. Prefiro apontar os recursos da coesão e seus efeitos na construção coerente dos sentidos e das intenções do texto, sem tentar situar, com precisão, se se trata de um elo de natureza apenas gramatical ou apenas lexical.

6.3.1 A repetição de palavras[6]

Muitas vezes, incluímos entre as condições de um bom texto a recomendação de não repetir palavras. Quer dizer, generalizamos

[6] Em meu livro *Lutar com palavras*, reservo um capítulo inteiro (capítulo 5) a esse tópico da 'repetição de palavras', com fartas explicações e, mais ainda, muitos exemplos de textos em que se pode verificar as múltiplas funções da repetição de palavras em um texto.

nos termos da recomendação e, aí, a repetição tornou-se, através dos tempos, um item estigmatizado. Faltou pontuar quais repetições devemos evitar, pois *repetir palavras é um procedimento praticamente inevitável uma vez que representa uma consequência da própria concentração temática do texto.* Se um texto é sobre 'publicidade', por exemplo, sobretudo se tem uma dimensão que ultrapassa duas ou três linhas, como desenvolvê-lo sem voltar a falar em 'publicidade'? A recorrência da palavra — ou o fato de a reutilizarmos — é um sinal de que estamos concentrados no mesmo núcleo temático.

Portanto, *a repetição é uma marca da concentração temática do texto.* Ela pode incidir tanto no âmbito da continuidade referencial, quanto no âmbito de sua predicação. Daí que, a rigor, tanto pode ter relevância a repetição de um substantivo, de um pronome, quanto de um verbo ou de adjetivo. Na verdade, a repetição de uma unidade, de qualquer classe gramatical, pode ter relevância para a construção do texto.

Tais considerações não significam que a repetição de palavras seja absolutamente livre e não tenha suas regularidades. Tem, sim. Primeiramente, não se trata de repetir por repetir, sem mais nem menos. Trata-se de repetir com uma determinada função textual ou discursiva, como, por exemplo, para reiterar uma referência e, assim, marcar a unidade semântica do texto, para produzir um efeito de ênfase, de reforço, de contraste, para indicar o tópico de uma correção ou de uma reformulação etc. Ou seja, *a repetição de palavras é um recurso textual e discursivamente funcional, que não acontece por acaso e aleatoriamente.*

A intuição natural dos falantes percebe esse valor funcional da repetição e se vale dele em muitos contextos, sabendo que está pretendendo conseguir certos efeitos de sentido particulares. O que quer fazer o povo quando diz: *Mulher é mulher!; A cidade está linda, linda!; Esperei, esperei, esperei até me cansar,* e outras mais?

Não será um grande simplismo julgar a repetição de palavras, indiscriminadamente, apenas como índice de pobreza vocabular? Drummond escreveu, em um texto de umas 10 linhas apenas, a pequena história de uma *flor*, na qual esta palavra aparece seis vezes (ver Antunes, 2005: 75). Poderíamos, porventura, afirmar que, nesse caso, a opção do autor foi devida à falta de um vocabulário mais amplo?

Voltemos ao que disse acima: a repetição de palavras tem suas regularidades. Por exemplo, é muito provável que a maioria das repetições sejam de palavras que estão vinculadas ao tema central do texto, (veja-se, no comentário "A mercadoria alucinógena", a repetição da palavra 'publicidade' ou da palavra 'consumidor'). Também é provável que palavras pouco repetidas tenham apenas uma relação pontual com um ou outro aspecto do texto e não tenham, portanto, grande ligação com seu tópico principal.

Em todo caso, não se pode definir os limites quantitativos da repetição de palavras. Quantas palavras se pode repetir em um texto? Essa é uma questão muito complexa que depende da natureza e da função do texto: literário ou não; apelativo ou não; explicativo ou não; desenvolvido com uma grande concentração temática ou em reposta a um tópico particular etc. Ou seja, é impossível estipular quantas vezes uma mesma palavra pode ocorrer. Mais vale averiguar por que, para que (ou com que funções) uma palavra volta a ocorrer.

Uma outra regularidade da ocorrência da repetição tem a ver com a sua distribuição ao longo do texto. Assim, em geral, uma posição muito propícia para o aparecimento de uma repetição é o início dos parágrafos (a partir do segundo), um sinal de que o tópico desenvolvido no parágrafo anterior continua. O final de um parágrafo também representa um ponto de localização privilegiado, quando se pretende marcar o fechamento do tópico em andamento naquele ponto do texto.

Além disso, uma regularidade já comprovada em análises de editoriais (ver Antunes, 1996) é a de que, no último parágrafo, costuma ocorrer a repetição de uma ou mais palavras que apareceram no primeiro. Isso pode ser visto como um sinal de que se está pretendendo fechar o tópico central, normalmente anunciado no primeiro parágrafo.

De qualquer forma, essas são regularidades previstas. Sabemos como as circunstâncias de cada interação podem alterar tais previsibilidades. Não se pode negar, contudo, as múltiplas funções da repetição de palavras nem se pode aprovar a recomendação genérica — tão comum nos encontros de ensino da redação — de que "não se deve repetir palavras em um texto"[7].

[7] Já vi a recomendação de um professor que definia "não mais de quatro quês" numa redação. Como se pode prever quantas palavras dessa ou daquela forma podem aparecer em um texto? O que se pode prever é *o que dizer, a quem e por que fazê-lo*. Quantos quês, quantos substantivos ou coisas do gênero só o desenvolvimento da interação vai dizer.

Em um bom programa de estudo de línguas, deve constar um espaço para a questão da *coesão*, e, com o apoio de muitas análises, se deve prever as *normas de como tirar proveito da repetição de palavras* ou a consideração de como, quando e quanto evitá-la. O mais são confusões que, apesar de extremamente simplistas, só fazem atrapalhar quem está habituado a conviver, em textos orais e escritos, com palavras que se repetem, por força da própria exigência da coerência das interações linguísticas.

6.3.2 A paráfrase

Um outro recurso pelo qual se criam laços coesivos é a paráfrase, um recurso pelo qual *se volta a dizer o mesmo que se disse antes, porém com outras palavras*. A paráfrase tem assim alguma coisa em comum com a repetição, enquanto, embora sob uma outra formulação, *o mesmo é dito outra vez*. É nesse sentido que ela é coesiva. Ou seja, um segmento textual só pode ser considerado paráfrase se está articulado, pela equivalência (mais ou menos próxima) de sentido, a um outro anterior. Não teria sentido, pois, procurar uma paráfrase onde dois segmentos não se retomam semanticamente. *A paráfrase se destaca, então, como um recurso da continuidade semântica do texto.*

A paráfrase tem a função discursiva de pretender oferecer um esclarecimento mais específico de um ponto, ou, re-explicá-lo, com outras palavras, a fim de deixá-lo mais claro, mais preciso. É reiterativa, portanto. Por isso mesmo é que as paráfrases são comuns em textos explicativos, em textos expositivos, de transmissão do conhecimento, quando um determinado conceito tem que ficar muito claro e, portanto, precisa ser entendido com precisão.

Em geral, as paráfrases são iniciadas com expressões como: 'ou seja', 'isto é', 'quer dizer', 'por outras palavras', 'noutros termos', 'dizendo de outro modo', expressões que já preparam o ouvinte ou o leitor para uma formulação seguinte de equivalência conceitual. As paráfrases decorrem tanto de mecanismos sintáticos (como no caso da formação da passiva) quanto de mecanismos lexicais que exploram os sentidos das palavras.

A identificação dos segmentos parafrásicos tem sua importância no entendimento dos textos, pois, além dessa sua função esclarecedora, eles implicam que, naquele ponto onde ocorrem, o tema não avança para o 'novo', já que os dados da informação anterior são apenas retomados para explicações ou reformulações mais específicas.

6.3.3 O paralelismo

Paralelismo: o nome já sugere uma espécie de aproximação, de itens que guardam algum tipo de concomitância. No caso do paralelismo como recurso textual, a aproximação mais comum é de ordem sintática, isto é, dois ou mais segmentos são construídos com a *mesma* estrutura formal, embora com sentidos diferentes. É exatamente *essa similaridade sintática* que dá ao paralelismo o caráter de *reiteração*, que reforça a dimensão da continuidade do texto e representa um de seus recursos coesivos.

O paralelismo constitui, assim, um recurso textual que cria uma harmonia formal entre dois ou mais pontos, o que, além de promover a coesão entre esses pontos, produz um efeito agradável de articulação e entrelaçamento.

Observemos no texto que venho tomando como apoio o seguinte fragmento:

A marca de chicletes promete transportar o freguês para um tal "mundo do sabor" e mostra o garoto-propaganda levitando em outras esferas cósmicas. O adoçante faz surgirem do nada violinistas e guitarristas. O guaraná em lata provoca visões amazônicas no seu bebedor urbano, que passa a enxergar um índio, com rosto pintado de bravura.

Como se pode ver, o início de cada período obedece à mesma estrutura sintática:

(a) o sujeito (uma descrição definida — *A marca de chicletes*; *O adoçante*; *O guaraná em lata);*

(b) o verbo no presente do indicativo (*promete*; *faz*; *provoca*);

(c) um complemento verbal (*transportar o freguês*; *surgirem ... violinistas e guitarristas; visões amazônicas).*

Essa coincidência de estrutura sintática estabelece, para o conjunto do fragmento, um laço que, se é formal, não deixa também de ser também semântico. Esse laço, como todos os outros, é reiterativo, constitui uma espécie de repetição e funciona, por isso mesmo, como elemento de articulação do texto, além de produzir um efeito agradável de harmonia e compatibilidade[8].

Até mesmo um levantamento sumário de ocorrência de paralelismo em diferentes gêneros (ver Antunes, 2005) mostra que esse recurso é usado muito frequentemente, sobretudo em textos explicativos, em textos da literatura ou da publicidade. Também, no mesmo levantamento, se pode ver o efeito desagradável da quebra do paralelismo (por exemplo: "O homem e a mulher mudaram tanto no modo de pensar, agir e também fisicamente"; ou, ainda, "a mulher tem liberdade de expressão e de lutar"), o que viria a reforçar nossa pretensão de incluir entre os programas de estudo da língua esses recursos da construção do texto.

[8] O paralelismo não tem recebido quase nenhuma atenção dos livros didáticos. Também não consta das pautas dos programas de ensino da língua. Nem mesmo quando são exploradas questões de análise sintática, uma vez que essas análises incidem sobre frases isoladas e nunca sobre pares de frases constituintes de um texto. Aliás, em um curso de língua, a prioridade deveria recair sobre o conjunto de *operações, procedimentos, estratégias, regularidades*, enfim, da construção e da recepção de textos de tipos, de gêneros e de funções diferentes.

6.3.4 A substituição de unidades do léxico

Existem motivações discursivas que levam o autor de um texto a preferir substituir uma palavra a repeti-la. A motivação mais pertinente para essa preferência *não é*, como se costuma apregoar nas análises pouco consistentes, *evitar a repetição*. Evidentemente, como vimos logo atrás, o recurso à repetição tem suas funções, o que limita, inclusive, o número de sua ocorrência.

A motivação maior para o recurso da substituição, sobretudo daquela que envolve um par de expressões lexicais, recai sobre o teor de informação que, nessas expressões, é maior do que numa simples repetição. Ou seja, dar continuidade a uma referência usando descrições definidas diferentes pode contribuir para elevar o teor de informatividade do texto. Por exemplo, voltar a referir o objeto de discurso 'consumidor', por 'o freguês', 'o comprador'; voltar a referir 'o guaraná em lata' por 'o tal refrigerante' pode trazer a vantagem de acrescentar mais informações ao repertório do leitor ou, pelo menos, reavivar sua memória quanto à possibilidade de designadores equivalentes para o mesmo objeto de referência[9].

[9] Podemos ver outros exemplos mais adiante quando nos ocuparemos das análises dos textos.

Esse mais alto teor informativo das expressões lexicais também explica a falta de acréscimo da informação nas substituições pronominais. Observemos os trechos:

"*Ninguém leva os comerciais alucinógenos ao pé da letra, mas cada vez mais gente se deixa seduzir por eles*" e

"É que o encanto das mercadorias não está nelas, mas fora delas — e a publicidade sabe disso".

Podemos ver que os pronomes apenas retomam uma referência anteriormente feita, mas não a definem ou a categorizam em uma classe identificável de itens. No exemplo anteriormente dado, a expressão 'o guaraná em lata' é substituída por 'o tal refrigerante'. Essa substituição tem um valor informativo maior que aquela possibilitada pelo uso do pronome, pois informa ou ativa a memória do leitor sobre o fato de que o item 'o guaraná em lata' pertence à classe dos 'refrigerantes'.

De qualquer forma, a substituição de uma expressão por outra em um texto tem motivações discursivas maiores que, simplesmente, evitar a repetição de palavras. Pelo contrário, pode haver situações em que é melhor repetir a palavra (em nome da clareza ou da precisão, por exemplo) do que substituí-la por uma outra. Por isso, falar ou escrever são momentos de decisões. Algumas delas, tomadas antes do início da interação. Outras, tomadas no decorrer da interação, frente à(s) demanda(s) do(s) interlocutor(es) e dos propósitos em curso.

Nas substituições de expressões realizadas no decorrer de um texto, pode-se substituir uma palavra por outra que seja:

a) sinônima;
b) hiperônima;
c) ou equivalente conforme um dado contexto.

Como se pode ver, os dois primeiros tipos de substituição se ligam às determinações lexicais das expressões; estão, por assim dizer, inscritas no léxico da língua (por exemplo, a relação entre 'menino' e 'garoto', ou a relação entre 'óleo de canola' e 'produto'). O terceiro tipo, ao contrário, se liga à instância de cada texto onde ocorre e depende, fundamentalmente, dos limites contextuais a que as expressões correspondem (por exemplo, '*a queda do Airbus A330 em maio de 2009*' e '*a tragédia no litoral brasileiro*').

A substituição por um sinônimo não é tão comum como pode parecer, quando levamos em conta a predominância dos livros didáticos em exercitar a substituição de palavras por um sinônimo. Problemas relativos à sinonímia estão na raiz dessa restrição: nem todas as palavras têm sinônimos, nem todas as palavras dadas como sinônimas são intersubstituíveis em qualquer contexto. Certamente, por esses limites, pesquisas têm mostrado que a preferência maior recai sobre os outros tipos de substituição (ver, por exemplo, Antunes, 1996; 2005).

A substituição por um hiperônimo, essa sim, é bastante comum, desde que não se trate de textos de uma palavra ou de uma linha só. O hiperônimo tem a grande vantagem de funcionar como uma espécie de coringa, que, por seu caráter de generalidade, pode ocupar muitos lugares ou preencher muitas condições semânticas. A referência a 'chiclete', 'guaraná', 'adoçante' pode, no decorrer do texto, ser retomada pela expressão 'bugigangas' ou 'produto', por exemplo. Por isso é que os hiperônimos possibilitam uma economia muito grande no estabelecimento das cadeias textuais. São nomes que têm o valor semântico de categorizar, isto é, de reunir, numa classe, itens diferentes, sob o enfoque de algum traço comum entre eles. Isto é: muitos itens podem preencher as condições para serem reunidos, por exemplo, na categoria de produto ou de bugigangas. O léxico da língua conta com um grande número de itens lexicais gerais (substantivos, sobretudo) ou de itens lexicais com um valor semântico que abarca, que compreende o de muitos outros itens específicos, em relação àqueles gerais. O termo 'produto', por exemplo, tem um valor semântico que o deixa capaz de retomar uma referência a um sem números de itens, como 'chiclete, guaraná, adoçante' e tudo o que é resultado de uma *produção*. Entre os verbos, um hiperônimo bem comum é o verbo 'fazer'.

Esse tipo de substituição representa, portanto, uma grande possibilidade de variação lexical em um texto. Além disso, o uso de hiperônimos permite uma operação textual cognitivamente muito relevante que é essa da categorização, ou seja, do enquadramento de várias referências numa determinada categoria, numa determinada classe de seres, o que favorece, por outro lado, esse caráter resumitivo que a progressão temática do texto deve ir tomando ao longo de seu curso.

Daí que a substituição de palavras por outras, repito, não tem importância simplesmente por possibilitar a não repetição. Esse é o seu efeito menor.

O terceiro tipo de substituição — aquele em que uma expressão é substituída por outra equivalente contextualmente — tem-se revelado também bastante produtiva nos textos analisados (ver, por exemplo, Antunes, 1996, 2005; Adam, 2008; Marcuschi, 2008; Discini, 2005; Koch e Elias, 2006, entre outros).

Consiste na operação textual de se substituir uma expressão (pode ser um nome próprio) por uma 'descrição definida' que preencha, naquele contexto determinado, as condições de uma equivalência semântica. Por exemplo, em uma fábula de Millôr Fernandes, a referência a uma galinha que entrou em greve e resolveu não mais cumprir suas obrigações de fêmea é retomada pela expressão 'a doidivanas'. Observemos que não se trata de um sinônimo nem de um hiperônimo, mas de uma expressão pela qual se caracteriza ou se define uma outra por meio de uma descrição que, naquele contexto, serve como equivalente ou uma espécie de sinônimo textual, válido apenas naquele contexto. Muitos dos cálculos para esse tipo de substituição são de natureza inferencial e mobilizam nosso conhecimento de mundo (por exemplo, é desse tipo o nexo visto numa revista nacional, que estabelecia a equivalência referencial entre 'os políticos mineiros' e 'a turma do pão de queijo').

De qualquer forma, essas expressões são muito comuns nos textos, exatamente pela flexibilidade de equivalência que podem assumir. Uma mesma expressão pode, variando suas condições de referência, alterar seu valor de equivalência[10].

Alargar o estudo do léxico, para abranger esses aspectos de equivalência semântica, apenas possível na instância do texto, é um imperativo para quem pretende ampliar a competência comunicativa dos falantes. Ficar na lista de sinônimos e de antônimos é insuficiente; ainda mais por que, na maioria das vezes, isso é visto em relação a uma lista de palavras soltas ou a uma série de frases desconectadas.

Surpreendamos, pois, os significativos papéis do léxico na estruturação do texto; na construção de seus sentidos e na expressão de suas intenções.

[10] Insisto em lembrar que a maioria dos livros didáticos – mesmo aqueles para o ensino médio – não exploram o valor textual dos hiperônimos ou dessas expressões de equivalência contextual. No entanto, esses são recursos que entram no funcionamento de todo texto e no estabelecimento de sua coerência. Implicam conhecimentos linguísticos e conhecimentos enciclopédicos, o que os torna bem mais relevantes comunicativamente que, por exemplo, a classificação de orações.

6.3.5 A substituição pronominal

Um recurso muito comum em todos os textos é a substituição de uma expressão nominal por um pronome. Evidentemente, o uso desse recurso tem seus limites e impõe condições para seu adequado funcionamento, tomando-se como foco as ligações que se devem empreender para identificar seu percurso.

Comecemos pelo mais geral: *a rigor, qualquer expressão nominal pode ser substituída por um pronome*. Ou, noutros termos, na continuidade de um texto, uma expressão é, em princípio, candidata a ser retomada mais tarde por uma expressão referencial pronominal.

Existem restrições para o uso dessas expressões referenciais pronominais. Restrições de ordem gramatical e, mais ainda, restrições de ordem textual. Entre as primeiras, poderíamos destacar a concordância de gênero e número entre a expressão referencial em jogo e a expressão pronominal correspondente ('o homem' e 'ele'; 'os meninos' e 'eles'; 'a igreja' e 'ela'; 'as faculdades' e 'elas' etc.). Entre as segundas restrições, merece destacar o cuidado para não dificultar a ilação pretendida entre a expressão retomada e a outra que a retoma. A clareza de um texto, sem dúvida, passa por essa continuidade referencial que vai se estabelecendo a partir das ligações, dos nexos que se vão construindo. Os pronomes — de todos os tipos — têm essa função textual de ir promovendo as cadeias de referência que vão dando ao texto articulação e unidade. Qualquer descuido nesse ponto pode provocar uma imprecisão referencial, uma opacidade referencial, de consequências perturbadoras, quase sempre[11].

[11] Fora do âmbito da substituição pronominal (as chamadas 'endóforas'), podemos lembrar a função referencial dos pronomes que acontece quando fazemos referência a objetos presentes na situação (são as chamadas 'exóforas'). De qualquer forma, os pronomes têm um grande peso no processo da referenciação textual. Muito da clareza do texto pode provir do uso dessa classe de palavras. Em tal perspectiva, é que eles devem ser estudados.

Duas considerações podem ser introduzidas aqui. A primeira tem a ver com o fato de — falando de substituição pronominal — se falar apenas em continuidade referencial. Evidentemente, um texto também é provido de uma continuidade predicativa, no sentido de que os sentidos atribuídos no âmbito da predicação também podem ser reiterados. Ou seja, se pode admitir, para o texto, uma *continuidade referencial* assim como se pode admitir uma *continuidade predicativa*. Por isso é que o pronome também pode retomar — inteira ou parcialmente — termos de uma predicação anterior. Em suma, os pronomes não retomam apenas expressões nominais (a publicidade na TV → ela); podem retomar também parte de uma predicação ou uma predicação inteira, como em: *Seria o tal refrigerante uma versão comercial das beberagens do Santo Daime? Não, nada disso.*

A segunda consideração tem a ver com o fato de o pronome não funcionar apenas como 'palavras de retomada textual'; isto é, o pronome não funciona apenas sob a forma de uma expressão que retoma outra antecedente, como em: "*Pode parecer um insulto à inteligência do telespectador, mas ele bem que gosta*"; ou se refere a uma outra subsequente, como em: "*Você não vai encontrar ofertas tão boas quanto esta: DVD players H-Buster em 12 vezes sem juros*".

O pronome também pode referir um elemento da situação extralinguística, presente no momento da interação, o que não implica nenhuma retomada, como em: *De quem é isto?*, dito, evidentemente, diante de um objeto a que se faz referência e que esteja acessível a ambos os interlocutores.

Na verdade, a identificação do objeto de discurso em referência constitui uma condição fundamental para o efetivo entendimento de qualquer texto. Muitas dificuldades, nessa área, provêm, exatamente, da inabilidade das pessoas para, quando falam ou escrevem, empreenderem, com precisão, a indicação de *onde está o apoio para a referência feita por um pronome.* Na conversação coloquial, sobretudo nos eventos de narração, essa inabilidade chega a limites perturbadores: fala-se, por exemplo, de duas mulheres diferentes, e, na sequência do discurso, se usa um 'ela', cuja referência não se sabe para quem remeter.

O reducionismo com que tem sido feito o estudo dos pronomes deve-se à abordagem quase sempre intraoracional e descontextualizada que lhe tem sido dispensada. De fato, os pronomes são vistos, nessa perspectiva, como uma partícula gramatical de substituição, apenas, estudada preferencialmente nas suas implicações morfossintáticas, com ênfase, ainda, nos padrões de sua colocação em relação a outras unidades da oração. Para esses enfoques, os limites da frase isolada são suficientes.

Está fora de dúvida, portanto, a relevância de se explorar o uso dos pronomes numa perspectiva textual. Isso implica, primeiro, ultrapassar o aspecto puramente morfológico de seus usos: a subclassificação de seus vários tipos; em segundo lugar, implica ultrapassar o viés sintático de seus usos, o que, por sua vez, nos tira das frases e sequências de orações e nos leva até os textos. A relevância de se conhecer as marcas morfossintáticas dos pronomes deriva do fato de elas poderem funcionar como pistas para a indicação e a identificação corretas das entidades referidas. Portanto, seus pormenores de classificação só têm sentido se postos a serviço dos textos.

Em suma, somente no texto se pode apreender as funções dos pronomes no estabelecimento da interpretabilidade da linguagem, quer esses pronomes estejam ancorados na situação extralinguística, quer estejam presos às referências feitas no interior do texto propriamente. Pretendemos analisar, no capítulo seguinte, algumas dessas funções em textos de diferentes gêneros.

Mais uma consideração: na literatura linguística (entre outros, ver Bernardez, 1982; Charolles, 1978), o termo *repetição* também é usado para referir o procedimento geral da *reiteração*, o qual engloba os recursos: da paráfrase, do paralelismo, da repetição propriamente dita e da substituição[12].

[12] Charolles inclui a repetição – nesse sentido mais amplo – entre as "metarregras da coerência". Segundo ele, para que um texto seja *(micro ou macroestruturalmente)* coerente, é necessário que comporte em seu desenvolvimento linear elementos de estrita recorrência.

De fato, em todos esses recursos, é possível perceber que alguma coisa é retomada, que alguma coisa se mantém e, portanto, é reiterada, seja no domínio da continuidade referencial, seja no domínio da continuidade predicativa. É nesse sentido amplo do termo 'repetição' que Bernardez e Charolles apontam a repetição como uma das condições da coerência. Por sinal, em um texto bem organizado, deve predominar um equilíbrio entre o que é retomado (informações já conhecidas) e o que é proposto como não sabido (informações novas). Qualquer desequilíbrio para um desses lados deixa o texto inadequado.

No âmbito dessa reiteração ampla, tanto se constroem nexos de equivalência como nexos de contiguidade. Os nexos de associação resultam, ao contrário, da associação semântica entre palavras, como será visto a seguir.

6.3.6 A associação semântica entre palavras

Já neste capítulo, quando falei dos tipos de nexos coesivos por associação semântica, adiantei alguma noção sobre como tais nexos se constituem. Em linhas gerais, esse tipo de nexo ocorre sempre que duas ou mais palavras guardam algum tipo de contiguidade semântica.

Essa contiguidade pode provir de determinações do próprio léxico da língua (como entre 'felicidade'→ 'gozo'), como pode provir de associações provocadas pelo nosso conhecimento de mundo (como entre 'guaraná' e 'visões amazônicas'). Por isso mesmo é que elas são muitas em um texto. Se espalham, como água que encharca um terreno.

Os autores Halliday e Hasan (1976) propõem que esse tipo de nexo coesivo é o mais denso e o mais recorrente. Constituem cadeias, cujas fronteiras nem sempre podem ser identificadas. O teor de unidade semântica evocado para o texto coerente é, em grande parte, devido a essa proximidade de sentido entre as expressões lexicais ou entre as construções léxico-gramaticais que ocorrem[13].

> [13] O argumento de que a formação de frases soltas não preenche as condições de desenvolvimento da competência textual encontra aqui também um fundamento. Frases soltas, quase sempre, mobilizam unidades lexicais de diferentes campos semânticos, o que rompe com as exigências textuais de uma convergência de sentido.

A raiz desse recurso textual está na própria relação entre a linguagem e nossa experiência empírica. Assim, itens que, em uma situação particular da experiência, mantêm algum tipo de proximidade, ou dividem o mesmo espaço físico ou cultural, tendem a ser referidos também em situação de contiguidade. Ou seja, por exemplo, se os objetos 'mesa' e 'cadeira', 'padre' e 'igreja' dividem o mesmo espaço físico-cultural e revelam, assim, uma contiguidade espacial, é muito provável que seus referentes linguísticos também estejam em contiguidade, isto é, co-ocorram em um mesmo texto.

Essa probabilidade de co-ocorrência de um grupo de palavras afins já corresponde a uma expectativa natural das opções que tomamos quando falamos ou escrevemos. O princípio fundamental é: o percurso convergente de sentido, esperado para um texto coerente, leva à ocorrência de palavras semanticamente afins, as quais constituem cadeias de sentido (isotopias), que arrastam os sentidos para um determinado ponto de unidade.

Um texto coerente é provido, assim, de uma espécie de *redundância* ou, noutras palavras, de reiteração semântica, em equilíbrio, é claro, com a quebra dessa mesmice, pela introdução de novos elementos. Ainda assim, algo dessa mesmice se sustenta no sentido de que os novos tópicos devem estar, de alguma forma, apoiados em outros já presentes ou pressupostos no texto. No comentário "A mercadoria alucinógena", a entrada da referência a 'guaraná' é subsequente às outras referências a 'a marca de chicletes' e 'adoçante', objetos que partilham os mesmos campos da experiência.

Por esse conjunto de considerações, fica evidente o papel estruturante do léxico na construção do texto. Uma falha gritante no estudo das línguas tem a ver com a falta de percepção dessa função textual do léxico. De fato, na maioria das escolas, o estudo do vocabulário se esgota, quase sempre, como tenho referido, em explorações de seus significados ou na procura de palavras que têm o mesmo sentido. Tudo é visto em separado: unidade por unidade, cada uma por sua vez. Como peças isoladas. Não são exploradas as redes semânticas que se criam no percurso do texto; não são explorados os fios que, por conta do vocabulário em uso, armam o texto e sustentam sua coesão e coerência. Em suma, *falta um estudo do vocabulário na ótica de suas articulações e de seu papel como fator da construção do texto.*

Espero nas análises que se seguem poder oferecer amostras de como as redes criadas pelas unidades lexicais do texto funcionam como fios que sustentam sua interpretabilidade linguística.

6.3.7 O uso de expressões conectivas[14]

Um outro tipo de nexo se efetiva pelo emprego de palavras de conexão, chamadas por isso mesmo *conectivos,* isto é, palavras que têm a função de ligar duas orações, dois períodos, dois parágrafos, dois blocos superparagráficos.

Na tradição do trabalho escolar, essa classe de palavras tem sido vista, preferencialmente, na sua dimensão sintática, submetida, quase exaustivamente, aos famosos esquemas que culminam com a classificação das orações. Esse viés marcadamente sintático de exploração das palavras de conexão obscureceu seu teor semântico e, sobretudo, sua função textual, que passou assim a um segundo plano, mais ainda pelo fato de tais classificações incidirem sobre orações criadas a propósito ou retiradas de textos, perdendo assim muito de sua função em relação ao todo de que eram partes.

Na verdade, a relevância dessa classe de palavras, se decorre de sua função conectiva, não deixa de fundar-se também nas relações semânticas e nas pretensões argumentativas que elas estabelecem entre os segmentos textuais. Enquanto ligam, vão *marcando a orientação das argumentações,* vão dando *pistas* da sequência de sentidos ou dos atos de linguagem efetivados. São como pedrinhas que vão indicando por onde vai o caminho, em que direção vai a argumentação... Não se pode deixar de prestar atenção a elas.

Canonicamente, esses conectivos são representados pelas conjunções, pelas preposições e respectivas locuções[15]. No âmbito do

[14] A questão dos conectores é muito ampla e complexa. Para tratá-la com profundidade, é necessário um estudo muito mais abrangente, o que não é o caso aqui. Entretanto, sugiro, para aqueles que pretendem pesquisar, mais exaustivamente, a questão dos conectores, a leitura de Koch (1987), Fávero (1987), Adam (2008), Neves (2000), Perini, (2010). Na obra de Neves, é possível encontrar um estudo detalhado e consistente das preposições, das conjunções, dos advérbios e respectivas locuções, com farta abonação de exemplos colhidos em textos da literatura ou da imprensa atual (veja-se, por exemplo, toda a matéria sobre a coordenação com a conjunção 'mas', p. 755-770). Em Koch e Fávero é possível encontrar uma distribuição das conjunções que foge à classificação tradicional de 'subordinadas' e 'coordenadas'.

[15] Em geral, os livros didáticos e muitas gramáticas pedagógicas restringem o âmbito dos conectivos à classe das conjunções, dividindo-as em coordenativas e subordinativas. Além disso, exploram de forma totalmente insuficiente as particularidades de uso dessas expressões, como a questão da ordem em que aparecem: se na primeira oração, se na oração seguinte (ver Neves, por exemplo, 2000: 782, a propósito da ordem das construções com a conjunção 'ou').

texto, no entanto, eles podem ser expressos por um advérbio ('finalmente'), por uma locução adverbial ('em suma') e até mesmo por um grupo nominal.

Para um entendimento mais consistente dessa classe de itens linguísticos, convém distinguir entre *os conectores argumentativos* propriamente ditos e *os organizadores e marcadores textuais* (ver Adam, 2008: 179). A incidência e a função desses conectores variam de acordo com os gêneros textuais em que ocorrem.

Os conectores argumentativos cumprem a função de expressar a orientação argumentativa dos enunciados, conforme seja pretendido exprimir uma oposição, uma concessão, um contra-argumento, uma explicação, uma justificativa, uma hipótese, o acréscimo de um argumento, entre outros. São fundamentais na interpretação dos textos, sobretudo naqueles gêneros que têm propósitos eminentemente argumentativos ou persuasivos, como editoriais, pareceres, propostas, justificativas, defesas, justificativas, entre tantos outros.

Os conectores do segundo grupo — *os organizadores ou marcadores textuais* — exercem a função de instaurar e indicar a ordenação dos diferentes segmentos do texto, seja esta ordenação de natureza espacial (*em cima, embaixo, mais adiante, anteriormente, na base, em um segundo nível, no próximo capítulo* etc.) ou de natureza temporal (*antes, depois, em seguida, após, na véspera, no dia seguinte* etc.). Outros tipos de marcadores podem ser citados, tais como *os marcadores enumerativos*, *os marcadores de mudança de tópico*, *os marcadores de digressão*, *os marcadores de exemplificação*, *os marcadores de paráfrases*, por exemplo.

Como se pode perceber, o estudo dessas "palavrinhas" é de grande importância no desenvolvimento de nossas habilidades de comunicação, pois funcionam como instruções que nos orientam no percurso do texto, na verdade, um *caminho que devemos percorrer na determinação de apreender seu núcleo temático e sua finalidade básica.*

Talvez possa ser produtivo enumerar aqui algumas dessas expressões mais comuns, com indicação de seus contextos de uso.

Convém sublinhar que, na altura do ensino fundamental ou médio, não deve constituir interesse maior *classificar, morfológica ou sintaticamente,* tais expressões. Por vezes, uma mesma expressão pode funcionar como conjunção ou como advérbio (ver, Neves, 2000: 272, a propósito do item 'mas'). O que convém, antes de tudo, é destacar essa função geral dos conectores de marcar as operações ou os procedimentos textuais que vão ocorrendo e de sinalizar para o interlocutor que orientações estão sendo dadas ao percurso do texto.

Assim, a título de uma maior explicitação de como se opera a conexão dos sentidos e das intenções em nossos textos, vejamos algumas dessas expressões e os sentidos que expressam. Por uma questão didática, vou reuni-las em um mesmo grupo, sejam elas, mais especificamente, conectores argumentativos ou marcadores textuais[16].

[16] É bom advertir que as expressões reunidas neste esquema abarcam apenas as expressões em contextos de conexão interoracional. Conexões entre o verbo e seus complementos – onde entram as preposições, sobretudo – não estão incluídas aqui. Muitas das expressões catalogadas como de conexão são advérbios que também ligam segmentos do texto.

Expressões conectivas: do tipo argumentativo ou do tipo marcadores /organizadores textuais	*Valores semânticos*
em primeiro lugar, primeiramente, notadamente, mormente, antes de mais nada, antes de tudo, acima de tudo, em particular, principalmente, sobretudo, primordialmente, prioritariamente;	*prioridade ou relevância:*
em cima, acima, abaixo, adiante, na base, mais acima, em um segundo nível;	*distribuição espacial*
assim, desse modo, dessa forma, dessa maneira; isto é, quer dizer, a saber, por exemplo, pois, que;	*confirmação, ilustração, justificação*
e, ainda, assim como, aliás, além disso, além do mais, além de tudo, não só (...) mas também, não apenas (...) mas ainda, enfim, nem (para adição de segmentos negativos ou privativos);	*acréscimo de um dado novo, de um argumento, adição, enumeração de itens*
quanto a, em relação a, no que concerne a, a propósito;	*abertura ou mudança de tópico*

ou,	*alternância ou disjunção*[17]
isto é, ou seja, quer dizer, por exemplo;	*exemplificação*
ou, ou melhor, ou antes, dito de outro modo, em outras palavras, mais precisamente;	*reformulação, precisão, correção ou retificação do que foi dito antes*
de fato, na verdade, na realidade, com efeito, efetivamente, afinal, com certeza;	*confirmação, admissão*
mas, porém, contudo, no entanto, entretanto, por outro lado, em compensação, enquanto que, ao passo que;	*oposição, contraste, restrição*
mesmo, até, até mesmo, no máximo (situam no topo da escala); ao menos, pelo menos, no mínimo, (situam no plano mais baixo da escala);	*gradação*
porque, como, pois, porquanto, por causa de, em virtude de, uma vez que, já que, em vista de, dado que, desde que, visto que, visto como;	*causalidade*[18]
de modo que, de maneira que, de sorte que, de forma que, a tal ponto que, por conseguinte, por isso, consequentemente, em consequência disso, daí, em decorrência disso, com isso, tanto (assim) que (é possível um cruzamento semântico entre as relações de consequência, de causa e de conclusão);	*consequência:*
a fim de que, para que, com o propósito de, com a pretensão de, com a intenção de, com o objetivo de, com a finalidade de, com o intuito de;	*finalidade*
embora, conquanto, ainda que, apesar de que, ainda assim, mesmo que, a despeito de, não obstante, malgrado, em que pese, se bem que, por mais que, por muito que;	*concessão*[19]

[17] Conforme Neves (2000: 771), convém distinguir *disjunção inclusiva* (em que os elementos se somam) e a *disjunção exclusiva* (em que os elementos se excluem).

[18] Orações reduzidas de gerúndio têm frequentemente valor causal, assim como as reduzidas de infinitivo introduzidas pela preposição 'por' e, ainda, os chamados apostos circunstanciais (*Preocupado com os resultados dos exames*, ficou em casa estudando).

[19] As construções com concessivas, segundo Neves (2000: 865), podem ser vistas nas suas relações com as adversativas bem como com as outras causais e condicionais. De qualquer forma, vale a pena acentuar a relevância argumentativa das concessivas, o que confirma a necessidade de um estudo mais aprofundado dos conectores, sobretudo no ensino médio.

logo, portanto, então, assim, em conclusão, desse modo, dessa forma, enfim, com base em...; posto isso;	*conclusão*
como, tanto quanto, tanto como, mais que, menos que, tal qual, tal como, do mesmo modo que, na mesma medida em que,	*comparação*
provavelmente, talvez, quem sabe, será que;	*eventualidade*
conforme, segundo, consoante, de acordo com, como;	*aceitação, conformidade*
se, caso, a menos que, salvo se, exceto se, a não ser que, contanto que, desde que, sem que (é sinônimo de "se não"), (a preposição 'sem' seguida de um infinitivo tem valor de condicional negativo);	*condicionalidade*[20], *formulação de hipótese,*
por esta categoria pode-se indicar: *tempo anterior* (antes que, primeiro que, desde que); *tempo posterior* (depois, a seguir, após, em seguida, daqui a pouco, mais tarde, até que); *tempo imediatamente posterior* (logo que, mal, apenas, nem bem); *tempo simultâneo*: (quando, enquanto, ao mesmo tempo em que, durante o tempo em que); *tempo proporcional* (à medida que, à proporção que, enquanto); *tempo inicial* (logo que, assim que, desde que, desde quando, mal, apenas); *tempo terminal* (até que, até quando); *tempo pontual* (agora, hoje, agora que, hoje que, atualmente, nesse momento); *ações reiteradas* (cada vez que, toda vez que, sempre que); *ações frequentes* (às vezes, por vezes, de vez em quando, com frequência, frequentemente, habitualmente, assiduamente, regularmente, normalmente, sempre); *ações raras* (raras vezes, nem sempre, uma vez ou outra, poucas vezes); *ações casuais* (esporadicamente, eventualmente, casualmente, por acaso); *ações pontuais* (agora, já, nesse instante); *ações durativas* (enquanto, todo o dia, o mês inteiro, a tarde toda).	*temporalidade*

[20] É interessante a distinção feita entre as condicionais factuais ou reais: *Se eu digo é porque sei*; as condicionais contrafactuais ou irreais: *Se eu tivesse asas* e as condicionais eventuais: *Se chover amanhã*. A mesma distinção pode ser apontada para as construções concessivas.

Insistindo na tecla de sempre, lembro que a relevância de se explorar a relação de conjunções, de preposições, de advérbios e respectivas locuções está no trabalho de explicitar os efeitos que o uso desses itens promove no estabelecimento da sequência do texto ou da orientação argumentativa que pretendemos atribuir aos enunciados. Me ocorre reiterar que muito há o que explorar em sala de aula de um curso de línguas, se abrimos os horizontes para enxergar as categorias do mundo textual. Basta ouvir e ler ao redor e a dificuldade de alguns professores de *não saberem o que ensinar* terá fim.

Uma consideração que me parece pertinente tem a ver com o fato de que os valores semânticos dessas relações (de oposição, de causalidade, de consequência etc.) podem ser expressos por outros recursos que não as expressões conectoras. Por exemplo, uma relação de causa e efeito pode estar significada por um verbo, como 'decorrer', 'resultar', 'provir' etc. Também vale a pena notar as relações semânticas possibilitadas pelas chamadas orações reduzidas.

Vale a pena mais uma observação: evidentemente, a grade de expressões apresentada acima é apenas uma amostra de como se poderia fazer a exploração desse material, destacando, assim, suas funções na estruturação do texto. Ou seja, não se trata de uma enumeração exaustiva; muitas outras expressões ainda poderiam ser citadas.

Além disso, convém notar que uma mesma expressão pode ter valores semânticos diferentes e, assim, preencher uma função de organizador espacial (por exemplo: primeiramente), ou uma outra de enumeração ou de indicação de relevância (pensemos na fluidez semântica dos conectivos 'e' ou 'mas', só para citar esses dois).

Na verdade, também as expressões conectoras são polissêmicas, até mesmo porque podem ocorrer associações entre seus sentidos, como acontece, por exemplo, entre algumas temporais e as condicionais[21], as causais e as temporais etc. Neste último caso, a associação é inteiramente justificável, pois a causa é sempre anterior à consequência. Também merece notar que, por vezes, as conexões entre segmentos do texto, como períodos ou parágrafos, se fazem sem o concurso de conectores explícitos; são junções sem marcas, que mobilizam outros recursos para dar conta dessas conexões.

[21] Neves (2000: 799) apresenta exemplos dessas associações, tais como: "Essa é a história de um soldado que se sentia em casa somente quando vadiava pela cidade."

Ter em conta a possibilidade dessas associações é útil porque, assim, podemos sair daqueles esquemas rígidos e infalíveis com que as conjunções são classificadas desde há séculos.

O que não se pode perder de vista é a imensa significação que essas expressões desempenham no curso de uma interação. Afinal, as palavras não têm apenas um significado descritivo. Elas assumem no percurso do texto um outro valor, pelo fato de poderem servir de apoio a uma determinada intenção argumentativa. Para ilustrar esse ponto, posso dar um exemplo: há dias, na porta de um teatro, um vendedor nos oferecia bombons, chicletes e outras coisinhas doces e finalizava sua oferta com a informação: "O show dura duas horas". Pensei: ele não está apenas nos informando a duração do show. Está, com essa afirmação, argumentando a favor da conveniência de comprarmos os bombons, embora de uma forma sutil, à espera de que captemos o teor argumentativo de sua informação: 'se o show dura tanto tempo, vocês devem ter à mão algum docinho'.

Em suma, no âmbito do discurso é que as palavras cumprem, integralmente, sua função de significar, de mediar a comunicação entre dois ou mais interlocutores. Fora disso, o trabalho com a linguagem se reduz a uma especulação que corre o risco de se tornar simplista, falseada e ineficaz.

Não percamos tempo. Não podemos.

No capítulo seguinte, vamos empreender a análise de alguns textos, centrando-nos nesses aspectos de sua construção.

Capítulo 7

Práticas de análises de textos quanto a aspectos de sua construção

Com base nos fundamentos teóricos que abordamos no capítulo anterior, vamos empreender agora atividades de análise de textos, na perspectiva dos recursos e dos aspectos que foram relevantes para sua construção.

É importante frisar que seria impossível *dar conta de todos os recursos*. Na verdade, *esses são quase inumeráveis*. Vamos, assim, conceder prioridade àqueles que assumem, em cada texto escolhido para análise, uma função mais saliente, no sentido de *fazer subir as paredes de sua sustentação*, como disse no início do capítulo anterior.

Apesar de nos fixarmos em pontos locais dessa sustentação, não vamos perder de vista a totalidade do texto, sua unidade semântica e pragmática; ou seja, não vamos perder de vista a atividade de linguagem que ocorre sob a mediação do texto que analisamos.

Não separamos, assim, o linguístico — quer na sua dimensão gramatical quer na sua dimensão lexical — dos outros constituintes do ato verbal. Temos em mente que, pela linguagem, o fundamental é a interação que se produz entre dois ou mais interlocutores, numa situação social de mútua cooperação, para que a expressão de um sentido e de uma intenção[1] aconteça com sucesso.

A seguir, tomamos outra vez como base de nossa análise a fábula de Rubem Alves, detendo-nos agora em questões de sua construção.

[1] Tenho insistido em pontuar que a linguagem não é apenas a expressão de um sentido. Quer dizer, a compreensão de um texto não se esgota na identificação apenas de seus conteúdos. É preciso ir além, para reconhecer também *a intenção, o propósito comunicativo* com que esse sentido é expresso. Habitualmente, os objetivos das atividades de compreensão de texto têm-se concentrado em descobrir "o que o autor disse"; "qual a sua mensagem". Convém analisar *por que* ou *com que pretensão o autor disse o que disse*. Apoiado no sentido do que dizemos, estão *as intenções*. É aí que mora o perigo...

7.1 Análise da fábula "Os urubus e os sabiás"

OS URUBUS E OS SABIÁS

Tudo aconteceu numa terra distante, no tempo em que os bichos falavam... Os urubus, aves por natureza becadas, mas sem grandes dotes para o canto, decidiram que, mesmo contra a natureza, eles haveriam de se tornar grandes cantores.

E para isto fundaram escolas e importaram professores, gargarejaram dó-ré-mi-fá, mandaram imprimir diplomas, e fizeram competições entre si, para ver quais deles seriam os mais importantes e teriam a permissão de mandar nos outros.

Foi assim que eles organizaram concursos e se deram nomes pomposos, e o sonho de cada urubuzinho, instrutor em início de carreira, era se tornar um respeitável urubu titular, a quem todos chamavam por Vossa Excelência.

Tudo ia muito bem até que a doce tranquilidade da hierarquia dos urubus foi estremecida. A floresta foi invadida por bandos de pintassilgos tagarelas, que brincavam com os canários e faziam serenatas com os sabiás.

Os velhos urubus entortaram o bico, o rancor encrespou a testa e eles convocaram pintassilgos, sabiás e canários para um inquérito.

— Onde estão os documentos dos seus concursos?

E as pobres aves se olharam perplexas, porque nunca haviam imaginado que tais coisas houvesse. Não haviam passado por escolas de canto, porque o canto nascera com elas. E nunca apresentaram um diploma para provar que sabiam cantar, mas cantavam, simplesmente...

— Não, assim não pode ser. Cantar sem a titulação devida é um desrespeito à ordem.

E os urubus, em uníssono, expulsaram da floresta os passarinhos que cantavam sem alvarás...

MORAL: Em terra de urubus diplomados não se ouve canto de sabiá.

(Rubem Alves, *Estórias de quem gosta de escrever*, Cortez Editora: São Paulo, 1984, pp. 61-62).

Como referi no capítulo anterior, diante da evidente dificuldade de se esgotar a totalidade dos elementos analisáveis, vamos fixar-nos naqueles que mais diretamente estão vinculados à sua coesão e à sua coerência.

A seleção vocabular como recurso da coesão do texto "Os urubus e os sabiás"

(a) Observemos a concentração de itens lexicais vinculados aos mundos em que o texto nos coloca:

- o mundo do acontecimento narrado: *Tudo aconteceu numa terra distante (cenário), no tempo em que... Tudo ia muito bem até que... (localização temporal);*
- o mundo da ficção: *bichos falantes, urubus cantores, urubus professores, aves perplexas, aves que decidem, que expulsam...*
- o mundo das aves: *floresta, aves, urubus, bandos, passarinhos, sabiás, pintassilgos, canários, bico...*
- o mundo da música: *canto, cantor, gargarejar dó-ré-mi-fá, tagarela, serenata...*
- o mundo da atuação pedagógica: *escola, professores, instrutor, tornar-se, concurso, competições, documento, diploma, titulação, convocar, inquérito, carreira, hierarquia, titular, expulsar...*
- o mundo da intransigência e da arrogância da burocracia: *mesmo contra a natureza, nomes pomposos, respeitável urubu titular, desrespeito, Vossa Excelência, ordem, em uníssono, rancor, convocar, hierarquia, inquérito, alvarás...*

(b) Como se pode observar, a seleção vocabular feita para o texto já funciona como *um dos recursos de sua coesão e de sua coerência*, pois cada núcleo de itens é convergente e sustenta uma perspectiva de continuidade. Além disso, os vários núcleos interagem (*os urubus queriam ser como as outras aves; a escola era de canto; os urubus rejeitavam a competência inata das aves cantoras; os urubus as proibiram de cantar sem o diploma dado pelas escolas etc.).* Essa interação dos vários núcleos temáticos do texto constitui uma condição de sua *unidade global.* Isto é, esses núcleos em interação compõem um quadro de referência, onde as coisas se articulam, convergem entre si e ganham coerência. Em suma, pode-se perceber não apenas os lugares do mundo sociocultural para onde o texto nos remete (os 'espaços naturais, espontâneos' e os 'espaços institucionalizados artificiais e arrogantes'), como ainda a interação pretendida para esses vários lugares (os urubus querem ser como os passarinhos); institucionalizar essa pretensão é o recurso de que se valem os urubus, mesmo aleatoriamente; ficam interdependentes, assim, os lugares de quem tem o poder e os lugares de quem deve obedecer.

(c) Se o que pretendemos é entender cada vez mais como se dá a construção de um texto, podemos concluir que uma exploração vocabular dessa ordem é mais relevante do que simplesmente apresentar o significado de palavras supostamente desconhecidas, ou exercitar, em frases, a sua substituição por outras sinônimas ou antônimas. Nesses tipos de exercício, o mal é que não se pode perceber como *a simples escolha das palavras já representa um recurso da coesão e da coerência do texto.* Quer dizer, o que vale ressaltar é que a escolha de cada palavra está presa a uma razão de ordem maior, a uma razão de ordem textual: *garantir a sua convergência semântica, a sua unidade.* Insisto: não se pode perceber essa regularidade pela produção ou análise de frases soltas.

(d) Convém observar ainda que não é a unidade lexical isolada que garante a coerência do texto, mas a convergência de contextos em que um determinado objeto de referência se apresenta. Por exemplo, não é, simplesmente, a repetição da palavra 'urubu' que garante unidade, mas a permanência, a constância das atitudes atribuídas no texto a esse 'objeto do discurso' ou, noutras palavras, a essa classe de personagem: querem tornar-se cantores, decidem (mesmo contra a natureza), querem ter nomes pomposos, entortam o bico, encrespam a testa, convocam os passarinhos, impõem condições, conseguem unanimidade, expulsam as aves que cantam sem alvarás. Ou seja, a seleção lexical vai sustentando uma imagem de 'urubus' sedentos de poder, arrogantes, prepotentes e dominadores; (examinemos os sentidos dos verbos em: *E para isto fundaram escolas e importaram professores, (..) mandaram imprimir diplomas, e fizeram competições (...) organizaram concursos e se deram nomes pomposos..* A seleção de verbos desse trecho, é claro, remete para agentes munidos de autoridade, pertencentes a um lugar de mando e de decisões. Essa coerência na representação da figura do urubu é sustentada também pela oposição com o outro grupo de personagens: os passarinhos ou as outras aves que, *tagarelas, brincavam e faziam serenatas*, cumprindo as determinações que lhes foram outorgadas pela natureza. Não pretendem tornar-se outra coisa: *porque o canto nascera com elas, nem pretendem provar que sabiam cantar, pois cantavam, simplesmente...*

(e) Só em análises dessa natureza, volto a dizer, se pode entender como o *léxico constitui um recurso da construção do texto.* Um recurso não apenas em relação aos sentidos expressos, mas, sobretudo, na direção das relações criadas, para que se garanta a totalidade em vias de ser conseguida. Reparemos que a arrogância dos urubus, no seu empenho por manter a burocracia, é reiterada, do princípio ao fim (*aves becadas* [as becas, em nossa cultura, estão ligadas a contextos de poder], *decidiram* [quem pode decidir?], *mesmo contra a natureza, rancor, encrespar a testa, titulação devida, decidir em uníssono, expulsar, mandar nos outros...)* e é posta em oposição à serenidade do mundo natural dos passarinhos.

(f) Podemos perceber ainda o quanto uma análise dessa natureza mobiliza nosso conhecimento de mundo ou traz à tona os esquemas culturais — e seus valores simbólicos — que predominam em nossa realidade. Reparemos na intenção do autor de questionar a inconsistência de certas medidas institucionais, o que está, metaforicamente, representado pelo conjunto de decisões tomadas pelos urubus *mesmo contra a natureza:* tudo isso expresso por palavras que se ajustam a conjuntos semanticamente afins — em ordem a uma macrounidade.

(g) Uma análise assim como esta é consistente ainda pelo fato de se apoiar no texto, nos sinais de sua superfície — que são as palavras que o constituem e as relações por elas expressas. Na verdade, dessa forma, estamos tentando *ver* como o texto foi-se fazendo, como as palavras foram promovendo a construção de uma unidade. Do lado do leitor, fica evidente a trilha que precisa ser feita para o êxito na compreensão do que é dito.

Quanto à natureza dos nexos coesivos

Lembramos que esses nexos, tal como foi apresentado no capítulo 6, podem ser *nexos de equivalência, nexos de contiguidade, nexos de associação e nexos de conexão ou sequenciação.* Vejamos como esses nexos se constituíram no texto em análise. No momento, fixo-me nos três primeiros, pois os nexos de conexão e sequenciação serão analisados, no tópico seguinte, quando nos ocuparmos dos recursos gramaticais.

(a) *Os nexos de equivalência* — no âmbito da referenciação — ocorreram cada vez que o mesmo objeto de discurso voltou a ser referido. Por exemplo:

- urubus → eles;
- urubus → si *(fizeram competições entre si);*
- urubus → urubus;
- urubus → os velhos urubus;
- pintassilgos, canários e sabiás → as pobres aves;
- pintassilgos, canários e sabiás → os passarinhos;
- as pobres aves → elas[2].
- O recurso à elipse também pode implicar um nexo de equivalência referencial, uma vez que é possível resgatar, na procura pelo sujeito de cada verbo, a retomada à referência anterior, como no trecho: *E para isto fundaram escolas e importaram professores, gargarejaram dó-ré-mi-fá, mandaram imprimir diplomas, e fizeram competições entre si, para ver quais deles seriam os mais importantes e teriam a permissão de mandar nos outros.* O mesmo recurso da elipse, numa situação de equivalência referencial, pode ser visto no trecho: *E as pobres aves se olharam perplexas, porque nunca haviam imaginado que tais coisas houvesse. Não haviam passado por escolas de canto, porque o canto nascera com elas. E nunca apresentaram um diploma para provar que sabiam cantar, mas cantavam, simplesmente*[3]...

[2] Vale salientar que outros nexos de equivalência podem ser encontrados no texto em análise. Furtamo-nos a enumerá-los exaustivamente para não alongar em demasia o procedimento de análise. Mas, na sala de aula, uma análise exaustiva pode acontecer sem problema.

[3] Observemos que o que está em jogo aqui não é simplesmente identificar as ocorrências de elipse, numa atitude de mera procura por fatos do mundo sintático. O que está em jogo é reconhecer em que contextos a mesma referência voltou a ocorrer, para assim se poder recuperar a continuidade referencial do texto, que é condição de sua coerência. Volto a insistir: *o que importa não é reconhecer um fato gramatical, simplesmente; o que importa é avaliar o concurso desse fato gramatical para a construção da coesão e da coerência do texto.*

(b) *Os nexos de contiguidade* ocorreram quando a mesma classe de objetos foi referida, mas não o mesmo membro dessa classe. Por exemplo, entre a referência a 'urubus' e a outra a 'cada urubuzinho' não há equivalência referencial: trata-se de duas unidades diferentes do mesmo conjunto de objetos. Ou seja, não há equivalência, mas há contiguidade referencial, pois, como disse, trata-se da mesma classe de membros. De qualquer forma, vale salientar que pela contiguidade referencial, se está assegurando também a continuidade que a construção do texto requisita.

(c) *Os nexos de associação* são os mais frequentes em todo tipo de texto, como decorrência da exigência de continuidade da própria coerência ou como forma de assegurar a inexistência de rupturas ou descontinuidades. Todo texto supõe um fio, que não se pode partir... Assim, as referências, as predicações, os atributos, as relações vão se associando e criando uma rede de aproximações. Como já mostrei, existe uma associação clara entre 'urubus' e 'aves'; entre 'aves *becadas*' e 'interesse pelo *poder*'; entre 'escola' e 'professor'; entre 'canários, sabiás' e 'canto'; entre 'interesse pelo poder' e 'exigência de concursos, de diplomas, de alvarás' etc. Ou seja, numa olhada mais cuidadosa podemos perceber que *nada no texto está dito por acaso;* ou *nada está solto; tudo está em interdependência.* Nas frases isoladas, a unidade requisitada é apenas aquela restrita a seu interior. No texto, a primeira frase se articula com a segunda; a segunda com a terceira...; todas se articulam entre si, e nada pode ser dito sem o apoio do contexto precedente ou subsequente. Mas *a gente só enxerga isso quando se lança na escrita e na análise de textos*!

Ainda a propósito de nexos de equivalência referencial, vejamos o seguinte fragmento de texto:

O Imperador D. Pedro II sempre se empenhou em mudar a imagem externa do Brasil e em transmitir seu (1) "verdadeiro" aspecto civilizado. Ele (2) visitou pessoalmente a Exposição Universal da Filadélfia (1876). Lá (3) teria conhecido Alexander Graham Bell, que (4) lhe (5) apresentou sua (6) mais nova invenção, o telefone. Ao testá-lo, (7) o Imperador (8) teria dito ao inventor americano (9) que, (10) estando disponível no mercado, o Brasil seria o seu (11) primeiro comprador.

(*Folha de S.Paulo*, Mais, 19/11/2000).

De saída, podemos dizer que esse fragmento apresenta uma grande *densidade* coesiva, pois, apenas no âmbito da continuidade referencial, se veem onze nexos. Alguns comentários acerca desses nexos podem ser relevantes; vejamos:

- Em (1), o pronome 'seu' poderia implicar ambiguidade: 'o aspecto verdadeiramente civilizado' era do Brasil ou do Imperador? Formalmente, o pronome poderia retomar um ou outro antecedente; a dúvida se desfaz quando apelamos, primeiramente, para a proximidade entre a referência a Brasil e o pronome e, em segundo, quando consideramos a imprevisibilidade de alguém "se empenhar em transmitir seu verdadeiro aspecto civilizado". Pelo menos nesse contexto, essa interpretação não seria muito provável;
- em (2), *(Ele (2) visitou...)*, não há dúvida de que o pronome retoma a referência a 'O imperador'; o único referente possível no contexto anterior ('Brasil') não era coerente com o núcleo do predicado ('visitou'), que, no contexto 'visitar pessoalmente', exigia a referência a um agente humano;
- em (3), é facilmente identificada a retomada de uma localização espacial *(Exposição Universal da Filadélfia → Lá)*;
- em que *(4)* lhe *(5) apresentou* sua *mais nova invenção*(6), se identificam facilmente os referentes dos pronomes, o que supõe a consideração não apenas dos pronomes mas também das predicações em que eles aparecem; por exemplo, a ciência de que 'a mais nova invenção' não era do Imperador permite que se identifique os referentes do 'que', do 'lhe' e do 'sua' → *Alexander Graham Bell;*
- em (7), 'ao testá-lo', tanto a proximidade em relação ao objeto de referência ('telefone') quanto o nosso conhecimento de mundo nos levam a reconhecer o antecedente do pronome e a estabelecer a continuidade requerida para o enunciado;
- em (8), (*o Imperador*), o nexo é dado pela repetição literal da palavra; nesse caso, esse recurso é o mais indicado, pois,

nos segmentos anteriores, havia um outro possível referente para o pronome (Alexander Graham Bell), além de a primeira referência ao Imperador estar um tanto distante e terem ocorrido outras retomadas pronominais antes;

- em (9), *o inventor americano*, verificamos a substituição da referência a Alexander Graham Bell por uma expressão que, nesse contexto, o caracteriza (*o inventor americano*); a conveniência de um procedimento como esse não é, simplesmente, evitar a repetição de uma palavra, é possibilitar o acréscimo de uma informação que torna o texto mais informativo e relevante;
- em (10), podemos ver que o termo elíptico aí é 'o telefone', uma vez que não teria coerência aceitar, como 'algo disponível no mercado', outro objeto senão o telefone ('o Imperador', 'Alexander Graham Bell'? Não teria sentido); podemos ver, por esse viés, como é significativa a interpretação que se apoia também em nosso conhecimento de mundo e não apenas nos aspectos formais do enunciado;
- em (11), igualmente, é clara a conveniência de se apelar para a coerência do que é dito: nesse contexto, o telefone é o único objeto comprável; só nesse sentido se pode estabelecer um nexo aceitável.

A análise que empreendo a partir desse fragmento revela:

(a) a função coesiva que os pronomes e outras expressões referenciais assumem na construção de um texto;

(b) a necessidade de se extrapolar o formal, ou a mera expressão linguística, para se recuperar a legitimidade de um nexo;

(c) o predomínio da coerência na procura interpretativa de qualquer nexo.

Isto é, se empreendemos a atividade de estabelecer os nexos em um texto, é porque alimentamos a hipótese de que existe *um sentido pretendido* que justifica a ligação de dois ou mais elementos. A gramática representa *um dos* componentes desse sentido. Atenção: apenas UM dos componentes. Existem OUTROS, que não podem ser perdidos de vista!

Até aqui analisamos os nexos que se construíram no âmbito da referenciação atualizada, o que implica uma concentração no levantamento de expressões nominais (com substantivos ou pronomes como núcleos). Vale salientar, no entanto, que pode ocorrer uma equivalência de sentido entre duas expressões com valor de adjetivo ou entre duas predicações, por exemplo, o que estaria fora do âmbito referencial, mas não deixaria de constituir um nexo coesivo. Podíamos lembrar a contiguidade de sentido entre os atos de 'encrespar a testa' e 'entortar o bico' ou entre 'a quebra da tranquilidade dos urubus' e 'a tagarelice dos passarinhos que brincavam e faziam serenatas'. É muito significativa também a associação entre as diferentes atribuições de sentido, como já temos sublinhado. Examinemos, por exemplo, a proximidade semântica entre as predicações 'fundar escolas de canto' e 'importar professores, gargarejar dó-ré-mi-fá, imprimir diplomas, fazer competições' etc. Ou seja, a continuidade que promove a coerência não se funda apenas no âmbito das referências que são feitas. Ela se estende a todas as dimensões do texto e alcança também o âmbito da atribuição e da predicação (o que envolve as expressões predicativas e os predicados verbais)[4].

[4] Sou testemunha da dificuldade dos professores para tratar das questões gramaticais no ensino da língua. É que a tradição lhes proporcionou o estudo de uma gramática à parte, fora do texto. Estamos vendo, pelas análises feitas, que toda a gramática ocorre nos textos. E é, aí, no texto, que podemos ver como essa gramática se efetiva e *que funções* discursivas cada uma de suas ocorrências cumpre. O que importa não é avaliar os valores das unidades isoladas; mas como essas unidades cumprem no texto as funções de assegurar a expressão de *um sentido* e de *uma intenção*, o que exige *coesão e coerência*. O caminho não é estudar gramática, isoladamente. O caminho é ver como a gramática possibilita em textos o cumprimento das funções comunicativas.

Quanto aos recursos coesivos utilizados

A análise que fizemos até este ponto compreendeu os tipos de nexos coesivos estabelecidos no texto: nexos de equivalência, de contiguidade, de associação. O estabelecimento desses nexos envolve a utilização de diferentes *recursos*, pelos quais a pretendida ligação entre dois pontos se efetiva. Lembramos que se situam entre esses recursos a repetição de uma palavra, a associação semântica entre elas, sua substituição por outra equivalente, a paráfrase, o paralelismo de estruturas, o uso de expressões conectoras e sequenciadoras.

Assim, no texto em análise, como amostra desses recursos, merece observar:

- a repetição das palavras 'floresta'; 'urubu'; 'ave'; 'passarinho'; 'sabiá'; 'canto', 'cantar'; 'escola', 'concurso'; 'diploma'; reparemos que a reiteração na escolha dessas palavras já é indício dos núcleos temáticos do texto; portanto, a repetição de cada uma funciona como marca *de que os tópicos centrais do texto se mantêm;*
- a substituição de uma palavra por outra equivalente, como aconteceu no nexo entre 'pintassilgos, canários e sabiás' e '*as pobres aves*'; entre 'documentos de seus concursos' e 'tais coisas' (substituições pelo uso de um hiperônimo); entre 'pintassilgos, canários e sabiás' e '*elas*'; entre 'os velhos urubus' e 'eles' (substituições por pronomes)*;* merece destacar o uso do pronome 'Tudo', no início do texto (Tudo aconteceu...), numa espécie de anúncio de tudo que vai ser narrado (uma substituição de natureza catafórica, que aponta para os trechos seguintes) e, contrariamente, o uso do pronome 'Tudo', no meio do texto (Tudo ia muito bem), que resume a narração feita até esse ponto (uma substituição, portanto, de natureza anafórica, que retoma partes anteriores); reparemos ainda no uso do demonstrativo 'isto' no seguinte trecho: [Os urubus] *decidiram que (...) haveriam de se tornar grandes cantores. E para* <u>isto</u>*...;* vale identificar aí outro nexo coesivo, que tem como antecedente uma predicação inteira e como termo de retomada um pronome demonstrativo[5];
- merece observar ainda a função coesiva do termo 'assim', no trecho em que os passarinhos declaram que *nunca*

[5] Insisto na relevância de análises que dão conta dessas operações textuais de promover as ligações, a continuidade e a unidade do texto. Representa muito pouco se restringir à identificação da classe de palavra a que pertence o termo 'isto', por exemplo. É pronome demonstrativo, e daí? Que funções tem? Para que serve nos textos que fazemos e recebemos? Como podemos empregá-lo bem? Que consequências teria em empregá-lo inadequadamente?

apresentaram um diploma para provar que sabiam cantar, e os urubus respondem que assim *não pode ser. Cantar sem a titulação devida é um desrespeito à ordem*; vejamos que o termo 'assim' tanto retoma a predicação anterior como pode ser projetado para a afirmação seguinte; em um outro trecho: *Foi* assim *que eles organizaram concursos*, o termo 'assim' também retoma toda a predicação do parágrafo anterior;

- um outro recurso coesivo presente no texto em análise é o uso de estruturas paralelas, ou do paralelismo, como se costuma chamar, um expediente que cria uma espécie de reiteração, provocada pela similaridade expressa na seleção das formas sintáticas; vejamos o paralelismo sintático-semântico conseguido no seguinte trecho: [os urubus] fundaram *escolas e* importaram *professores,* gargarejaram *dó-ré-mi-fá,* mandaram *imprimir diplomas, e* fizeram *competições* (todos os verbos estão no mesmo tempo e modo, adotam a mesma regência e todos têm como complemento a mesma classe de palavras; igual recurso ocorre em relação a outros trechos (por exemplo, *a doce tranquilidade da hierarquia dos urubus* foi estremecida. *A floresta* foi invadida*; bandos de pintassilgos (...)* brincavam *com os canários e* faziam *serenatas com os sabiás*); como se pode perceber, essa coincidência de determinados fatos gramaticais constitui um recurso da reiteração exigida pela coesão e pela coerência do texto.

Quanto aos recursos de conexão sintático-semântica

A primeira observação que podemos fazer incide sobre o número de ocorrência da conjunção aditiva 'e' (11 vezes), propiciada pelo caráter narrativo do texto, no qual as referências aos fatos vão-se somando na sequência e na continuidade do texto. Além desse tipo de conector, podemos apontar:

- o uso de expressões que cumprem a função de indicar a delimitação do espaço onde os fatos ocorrem; assim, os segmentos *numa terra distante* e *Em terra de urubus diplomados*, fica delimitado para o leitor o espaço em que as afirmações seguintes valem; da mesma forma, o segmento *no tempo em que os bichos falavam* também funciona como um delimitador, agora temporal, dos fatos narrados; ou seja, a validade desses fatos é demarcada por esses limites de espaço e tempo; em *Tudo ia muito bem* até que..., a expressão sublinhada também tem um valor temporal: o valor de um *tempo terminal* (até que, até quando), o que representa para o leitor uma pista de que vai ter início uma situação nova;

- em: *aves por natureza becadas,* mas *sem grandes dotes para o canto*, o conectivo sublinhado expressa uma oposição: as aves tinham poder (simbolizado pelo uso da beca); não tinham o dote do canto;
- em *decidiram que,* mesmo contra a natureza, *eles haveriam de se tornar grandes cantores* é expresso, ao mesmo tempo, um sentido de oposição e de concessão; ou seja, *tornar-se grandes cantores* era uma pretensão que *contrariava* a natureza dos urubus (sentido de oposição), o que não impediu a tentativa de se conseguir (sentido de concessão); quer dizer, no nexo que comumente chamamos de concessivo, subjaz também um valor semântico de oposição; a concessão deriva exatamente da desconsideração a essa oposição estabelecida; além disso, a concessão implica uma orientação argumentativa favorável ao objeto da declaração: *os urubus, ainda que contrariando a natureza, realizaram seu projeto*[6];
- em: para *ver quais deles seriam*, a palavra sublinhada inicia um segmento em que se declara a finalidade ou o objetivo atribuído aos termos do enunciado anterior; essa finalidade poderia ser expressa por meio de outras

[6] Vale a pena ressaltar esse valor de oposição presente nas concessivas, comumente vistas, nos livros de gramática, bem distintas (e distantes) das adversativas e de todas as locuções que exprimem sentido contrário.

expressões como: a fim de, com o fim de, com a finalidade de, com o objetivo de, com a pretensão de etc.

- em: *E as pobres aves se olharam perplexas,* porque *nunca haviam imaginado que tais coisas houvesse*, a conjunção sublinhada expressa um sentido de *causa* em relação ao segmento anterior do enunciado, que é, assim, a sua consequência[7].

[7] Pode-se explorar outras expressões que têm o mesmo valor de causalidade, inclusivamente, o uso de verbos que implicam esse valor, como os verbos *provocar, resultar, causar, produzir* etc.

Uma última observação pode ser feita em relação às intenções pretendidas para esse texto. Embora ele tenha as determinações tipológicas próprias de uma narrativa, o que sobressai em suas linhas é um claro propósito de denúncia, de crítica a uma situação comum no mundo das avaliações institucionais, no cálculo dos valores das qualificações profissionais, contrariando, por vezes, poderes e capacidades decorrentes da própria condição natural de sermos o que somos. Na verdade, a historinha criada quer promover a reflexão sobre a artificialidade e a ilegitimidade da atribuição de valores às pessoas com base, simplesmente, em elementos externos à sua condição de existir como humanos.

7.1.1. Observações sobre o estudo da gramática em relação à fabula "Os urubus e os sabiás"

Como se pode ver na seção precedente, muitos dos fatos gramaticais presentes no texto em análise foram objeto de comentários, sobretudo aqueles mais diretamente ligados à coesão. Voltar a comentá-los aqui me parece pouco relevante.

Ocorreu-me, em vez disso, fazer com os professores algumas reflexões a partir das quais eles podem criar suas experiências de análises e de estudo das questões gramaticais. Vamos lá.

Uma primeira reflexão — bem geral — me parece muito importante e tem a ver com o *que ensinar*: *não devem ser os programas de gramática que vão ditar o que estudar e o que analisar nos textos*. Essa opção implica um movimento que vai da gramática ao texto. O caminho deve ser o inverso: *do texto à gramática*.

Mais especificamente, das ações de linguagem — concretizadas em gêneros textuais — às regularidades gramaticais. Por essa ótica, as questões selecionadas nos programas devem ser *questões do texto*; a partir delas é que se deve fazer a programação com vistas a explicitar, sistematizar, ampliar os conteúdos gramaticais implicados na construção e na compreensão desses textos em estudo.

Por exemplo, se o que está programado é o estudo de gêneros do tipo narrativo, será pertinente explorar os fatos gramaticais implicados na descrição de cenários, os recursos referenciais para apresentação e retomada das personagens, as diferentes funções dos tempos e modos verbais, certas locuções (de qualquer natureza) que indicam sequência de fatos, ou sucessão de episódios, as diferenças entre a sintaxe do discurso direto e a do discurso indireto, para citar apenas estes itens. Se o que está programado é o estudo de um gênero do tipo injuntivo (como as instruções de uso de um aparelho, por exemplo), será pertinente estudar o modo imperativo dos verbos, as características gramaticais de uma formulação centrada numa sequência de procedimentos objetivos. Se se trata, ainda, de um texto expositivo, sob a voz de um enunciador impessoal, pode-se explorar os modos de deixar a enunciação acima de qualquer circunstância de lugar e tempo ou, ainda, os recursos de generalização e de indeterminação do sujeito, caso isso convenha ao teor global do texto.

Isto é, a explicitação da gramática vai chegando quando a construção do texto vai exigindo. Dessa forma, vê-se a gramática como, de fato, *não tendo finalidade em si mesma*. Vai-se à gramática para explicitar melhor como se deve usar, nos textos que fazemos e recebemos, essa ou aquela categoria gramatical em vistas aos efeitos de sentido que se pretende obter.

Nessa perspectiva, a gramática sai do foco. É *o texto que assume esse lugar*. A primazia será a exploração das estratégias e dos recursos (gramaticais e não gramaticais) que podemos utilizar nas mais variadas circunstâncias de nossas interações sociais. A primazia será explicitar os modos de se conseguir que um conjunto de palavras funcione como um texto, como uma ação relevante de linguagem, em função de um determinado propósito comunicativo, em um determinado contexto social.

Em suma, *explicitação e análise das categorias gramaticais, dentro de um parâmetro de utilidade; ou seja, para que possamos nos comunicar melhor.*

7.2 Análise do texto expositivo "Quinhentos anos de história linguística"

QUINHENTOS ANOS DE HISTÓRIA LINGUÍSTICA

Ao longo de 500 anos de ***história***, a situação linguística do Brasil foi supercomplexa, pela presença das línguas indígenas (desde sempre), do português dos colonizadores, das línguas faladas pelos **escravos africanos** (a partir de 1532) e, depois, das línguas **europeias e asiáticas** faladas pelos **imigrantes**. No processo de implantação do português no continente sul-americano, encontramos praticamente todas as situações de contato linguístico possíveis. Ou seja, a ***história*** da implantação do português no Brasil foi uma ***história*** de multilinguismo.

Por ocasião do descobrimento, dizem os especialistas, vivia no Brasil uma ***população nativa*** estimada em seis milhões de indígenas. Sempre segundo os especialistas, esses indígenas falavam cerca de 340 línguas, que eram obviamente não indo-europeias e pertenciam a troncos linguísticos muito diferentes entre si. Portanto, o multilinguismo já existia no continente sul-americano, antes da colonização portuguesa. Os portugueses precisaram aprender e usar essas línguas indígenas por razões de sobrevivência e para impor seu domínio ***aos nativos***. Por sua vez, o tráfico de escravos, que termina oficialmente em 1850, mas que na prática durou até o final do século XIX, trouxe para o Brasil alguns milhões de africanos, falantes de línguas pertencentes ao tronco niger-congo. Por muito tempo, o elemento indígena foi predominante na população rural, e o elemento negro na população dos centros urbanos. Para complicar o quadro, lembre-se de que os portugueses não foram os únicos **europeus** que tentaram estabelecer colônias no atual território brasileiro: por períodos mais ou menos extensos, os franceses estiveram no Rio de Janeiro e no Maranhão, os holandeses, no

Recife, e os espanhóis, no imenso território, hoje brasileiro, que fica a leste do meridiano de Tordesilhas. (...) A partir do século XIX, preocupadas em "branquear" a população brasileira e em substituir a mão-de-obra escrava, as elites do país começaram a lançar projetos de colonização, destinados a atrair **imigrantes europeus e asiáticos**.

Diante de tudo isso, fica evidente que, desde 1500 até o final do Império, o Brasil foi um espaço multilingue e um enorme laboratório linguístico.

(Rodolfo Ilari, Renato Basso. *O Português da gente* — a língua que estudamos a língua que falamos. São Paulo: Contexto, 2006, pp. 60-61. Adaptado).

Quanto à seleção vocabular como elemento da coesão do texto

Mesmo numa primeira leitura, já é possível perceber, entre os dois últimos textos, grandes diferenças, em relação à construção e às estratégias de sequenciação e de constituição da unidade requerida. Tais diferenças têm a ver, antes de tudo, com determinações do tipo e do gênero dos dois textos: um narrativo, do gênero fábula; o outro, expositivo, do gênero 'lição didática', 'trecho de um livro de divulgação científica'. Uma das diferenças flagrantes é o número bem reduzido de retomadas pronominais no segundo texto. No entanto, são evidentes também as marcas lexicais de uma densa concentração temática, como passamos a considerar em seguida.

Para a análise deste texto, me ocorreu pôr em destaque termos que se repetiam. Dá para perceber, então, que determinados termos reincidem numa frequência maior, como 'língua', 'português', 'Brasil' (e derivados), e, em menor número, 'indígena', 'escravo', 'colonização'; na verdade, uma seleção de termos que já aponta para uma unidade temática relacionada à história da língua portuguesa no Brasil. O número de ocorrência do vocábulo 'língua' e derivados é uma pista confiável de que, por esse campo, transita o desenvolvimento do tema central do texto.

Podemos confirmar, assim, um dos princípios que regem a construção coerente de um texto: as *palavras selecionadas devem guardar entre si contiguidade semântica*. Umas, mais que outras, constituem centro desse núcleo temático (por isso mesmo aparecem mais vezes). Outras, se ficam nas adjacências, nem por isso deixam de ter algum tipo de vinculação com, pelo menos, uma outra presente no texto.

Observemos, por exemplo, a associação implicada nas expressões 'população rural' e 'população dos centros urbanos' com a reiterada referência à 'população brasileira', também referida como 'população nativa' ou 'nativos'. Da mesma forma, podíamos reconhecer a associação entre a referência a 'colonização' e as outras a 'escravos' e a 'indígenas', uma associação que se deve mais ao nosso conhecimento da história do que ao nosso conhecimento linguístico. Igualmente, a referência a 'imigrantes europeus' dá acesso a que se fale na presença de 'portugueses', 'franceses', 'holandeses', 'espanhóis' no território brasileiro, o que, em cadeia, já conduz à referência a 'o continente sul-americano'. A alusão ao projeto de "branquear" o Brasil reitera, por oposição, as referências ao *elemento* ***negro*** presente no Brasil pela presença de *alguns milhões de* ***africanos***[8].

[8] Pode ser útil, nesse momento, chamar a atenção para aquilo que é "fora do normal" em um texto. Ou seja, vejamos que, em um texto como o que estamos analisando, não achamos muito provável que apareçam palavras como: 'estrelas', 'penitência', 'metrô', 'concessionária', 'energia' etc. O núcleo temático do texto não leva a associações com os domínios onde essas palavras se inscrevem.

O termo 'multilinguismo', não por pura coincidência, está presente no primeiro e no último parágrafos, sinalizando que o tema perpassa exaustivamente o texto. As várias alusões a datas também constituem um sinal da convergência temática do texto, no que se refere à sua localização temporal: *Ao longo de 500 anos de* ***história****; (a partir de 1532); A partir do século XIX; oficialmente em 1850; até o final do século XIX; desde 1500 até o final do Império*. Essas alusões já corroboram a particularidade de que o texto aborda aspectos da *história do Brasil*.

Por sua vez, definir a situação linguística do Brasil como *supercomplexa* ganha respaldo na declaração posterior do '*multilinguismo*' (não por acaso, as duas palavras são formadas com prefixos que se aproximam semanticamente — *super, multi)*. O conceito de multilinguismo é reiterado ainda quando se faz referência a *troncos linguísticos muito diferentes entre si*. Ou seja, *as palavras vão acontecendo na dependência de outras, atadas a outras, em vista a uma unidade semântico-pragmática esperada*[9].

[9] Por isso é que – insisto – fazer o levantamento das palavras de um texto, para reconhecer, pura e simplesmente, a que classe gramatical elas pertencem, é deixar de perceber os laços que elas criam no texto e a coerência que disso resulta.

Merece destacar o fragmento 'DIANTE DE TUDO ISSO', que aparece no final do texto e que tem, evidentemente, uma função de *retomada resumitiva*; o pronome indefinido 'isso' presta-se muito bem a essa função.

Como tenho insistido, resulta artificial separar o lexical do gramatical, até porque certos valores semânticos expressos se devem, ao mesmo tempo, à gramática e ao léxico. Na verdade, ambos estão a serviço dos sentidos e dos propósitos comunicativos do texto e, assim, tomam a mesma direção semântico-pragmática esperada. Reparemos, por exemplo, na coerência lexical entre as alusões à *história da colonização brasileira* e o fragmento 'Por ocasião do *descobrimento*', um fragmento que poderia ser enquadrado, também, no âmbito da conexão temporal, um contexto mais comumente visto como gramatical.

Mesmo assim, isto é, sem perder de vista essa conjunção entre o lexical e o gramatical, vejamos alguns nexos criados no texto, mais especificamente, no âmbito das relações gramaticais[10].

[10] Vou preferir não seguir rigidamente a ordem em que, no texto anterior, os diferentes aspectos de sua construção foram analisados. Essa preferência aponta para a conveniência de não se fortalecer rotinas rígidas de análise, o que acaba, às vezes, por "engessar" a atividade e criar uma espécie de fórmula mecanicamente repetida. Vou me deixar levar, um pouco, pelo que o texto vai sugerindo, sem deixar, contudo, de considerar os *aspectos de sua construção*.

Quanto à natureza dos nexos estabelecidos

Sumariamente, podemos afirmar que predominam nexos de contiguidade, sobretudo em relação à cadeia de expressões referenciais. Na verdade, as referências aos mesmos objetos não acontecem em grande número, como ocorreu em relação à fábula *Os urubus e os sabiás*. Podemos reconhecer um nexo de equivalência, por exemplo, nas ocorrências da expressão 'o Brasil', que, por sua vez, aparece, mais no final, substituída por 'o país'. Vale observar que, com a expressão 'o português' (no singular), se está referindo à 'língua'; com a expressão 'os portugueses' (no plural), se está referindo ao 'povo de Portugal'.

Foram mais frequentes os nexos por contiguidade ('*línguas* indígenas' e '*línguas* europeias e asiáticas') e aqueles por associação, como já mostrei no tópico anterior (ver, por exemplo, 'tráfico de escravos' e 'mão de obra escrava'; 'milhões de africanos' e 'elemento negro', para ficar apenas nesses casos).

O que é pertinente, nessas análises, é ressaltar essa proximidade de referência ou de sentido que acontece nos textos coesos e coerentes, seja por identidade, seja por contiguidade ou, apenas, por associação. No texto, as palavras não são autônomas, no sentido de que cada uma se basta. Elas estão *em rede,* uma ligada à outra e às outras. O texto é um grande terreno de grandes vizinhanças. Esse sentido da co-textualização mais ampla perde-se nas atividades de formar frases soltas.

Quanto aos recursos da conexão sintático-semântica

Como já adiantei um pouco no item precedente, ocorrem neste texto muitas expressões de valor temporal — sob a forma sintática de adjuntos adverbiais temporais — o que, como vimos, encontra pleno apoio na temática central desenvolvida, que explora elementos históricos da língua portuguesa no Brasil. Tais adjuntos merecem ser destacados, portanto, pela sua vinculação a aspectos do tema tratado, ou seja, pela coerência que empreendem.

Assim, vejamos:

(a) *Ao longo de 500 anos de* ***história*** e *Por ocasião do descobrimento* são dois fragmentos com valor *temporal*, que, não por mera coincidência, iniciam o primeiro e o segundo parágrafos, reiterando, assim, a delimitação do tema na direção de suas circunstâncias históricas;

(b) *desde sempre; Por muito tempo; por períodos mais ou menos extensos; A partir do século XIX; desde 1500 até o final do Império* são outros segmentos que reafirmam essa orientação do texto para a dimensão histórica do tema tratado; além disso, cumprem a função de *demarcar um determinado período de tempo* em relação ao qual o tema é pertinente;

(c) no seguinte trecho: *Portanto, o multilinguismo já existia no continente sul-americano antes da colonização portuguesa*, pode-se reconhecer também, pelo termo destacado, uma alusão temporal; uma outra observação pertinente tem a ver com o uso da expressão 'portanto', que se justifica, como conclusão, às afirmações dos segmentos imediatamente anteriores: *vivia no Brasil uma população nativa estimada em seis milhões de indígenas (...) que falavam cerca de 340 línguas (...) pertencentes a troncos linguísticos muito diferentes entre si*;

(d) o segmento *Para complicar o quadro*, sobretudo pelo valor semântico da palavra 'complicar', avança, para o leitor, a expectativa de que outros argumentos, mais sérios ainda, vão ser apresentados;

(e) merece ser observada a correlação semântica entre o fragmento '*A partir* do século XIX' (com destaque para a expressão 'a partir de') e o outro '*começaram a* lançar projetos'; isto é, a expressão 'a partir de' indica o ponto inicial de alguma coisa, o que está em coerência com a construção aspectual seguinte 'começar a'; outra vez, fica evidente, nessas convergências pontuais, a reiteração que dá unidade ao texto;

(f) uma observação semelhante poderia ser feita em relação à correlação entre 'desde 1500 *até* o final do Império' e o tempo verbal no passado em 'o Brasil *foi*'; ou seja, o verbo com valor de tempo concluído (*o Brasil foi*) encontra apoio na expressão 'até', indicadora, por isso mesmo, de um limite, de um tempo final;

(g) pode-se constatar um sentido de causalidade no segmento sublinhado em: *A partir do século XIX, preocupadas em "branquear" a população brasileira e em substituir a mão-de-obra escrava, as elites do país começaram a lançar projetos de colonização;*

(h) o segmento com que o texto finaliza — *DIANTE* DE TUDO ISSO — ao mesmo tempo que retoma e sintetiza o conteúdo dos trechos anteriores (*'tudo isso'*), situa o espaço frente ao qual se pode dizer que *o Brasil foi um espaço multilíngue e um enorme laboratório linguístico.*

Enfim, podemo-nos debruçar sobre o texto e procurar perceber nele todos esses elos, que, lexical ou gramaticalmente, linguística ou pragmaticamente, o deixam com sentido e capaz de constituir uma interlocução relevante.

A análise desta última seção contém a exploração dos recursos gramaticais mais salientes em função da coesão e da coerência. A partir das categorias analisadas, o professor pode programar a exploração e sistematização de um outro ponto mais pertinente. Pouco a pouco, os alunos vão percebendo que não existe gramática fora do texto.

7.3 Análise da crônica "Nós, os brasileiros"

NÓS, OS BRASILEIROS

1. Uma editora europeia me pede que traduza poemas de autores estrangeiros sobre o Brasil.
2. Como sempre, eles falam da floresta amazônica, uma floresta muito pouco real, aliás. Um bosque poético, com "mulheres de corpos alvíssimos espreitando entre os troncos das árvores e olhos de serpentes hirtas acariciando esses corpos como dedos amorosos". Não faltam flores azuis, rios cristalinos e tigres mágicos.
3. Traduzo os poemas por dever de ofício, mas com uma secreta — e nunca realizada — vontade de inserir ali um grãozinho de realidade.
4. Nas minhas idas (nem tantas) ao Exterior, onde convivi sobretudo com escritores ou professores e estudantes universitários — portanto, gente razoavelmente culta —, fui invariavelmente surpreendida com a profunda ignorância a respeito de quem, como e o que somos.
5. A senhora é brasileira? Comentaram espantados alunos de uma Universidade americana famosa — Mas a senhora é loira!
6. Depois de ler num Congresso de escritores em Amsterdã um trecho de um de meus romances traduzidos em inglês, ouvi de um senhor elegante, dono de um antiquário famoso, que segurou comovido minhas duas mãos:
7. Que maravilha! Nunca imaginei que no Brasil houvesse pessoas cultas!
8. Pior ainda, no Canadá, alguém exclamou incrédulo:

9. Escritora brasileira? Ué, mas no Brasil existem editoras?
10. A culminância foi a observação de uma crítica berlinense, num artigo sobre um romance meu editado por lá, acrescentando, a alguns elogios, a grave restrição: "porém não parece livro brasileiro, pois não fala nem de plantas, nem de índios, nem de bichos."
11. Diante dos três poemas sobre o Brasil, esquisitos para qualquer brasileiro, pensei mais uma vez que esse desconhecimento não se deve apenas à natural (ou inatural) alienação estrangeira quanto ao geograficamente fora de seus interesses, mas também é culpa nossa. Pois o que mais exportamos de nós é o exótico e o folclórico.
12. Em uma feira do livro de Frankfurt, no espaço brasileiro, o que se via eram livros (não muito bem arrumados), muita caipirinha na mesa, e televisões mostrando carnaval, futebol, praias e... matos.
13. E eu, mulher essencialmente urbana, escritora das geografias interiores de meus personagens neuróticos, me senti tão deslocada quanto um macaco em uma loja de cristais.
14. Mesmo que tentasse explicar, ninguém acreditaria que eu era tão brasileira quanto qualquer negra de origem africana vendendo acarajé nas ruas de Salvador. Porque o Brasil é tudo isso.
15. E nem a cor de meu cabelo e olhos, nem meu sobrenome, nem os livros que li na infância, nem o idioma que falei naquele tempo, além do português, me fazem menos nascida e vivida nesta terra de tão surpreendentes misturas: imensa, desaproveitada, instigante e (por que ter medo da palavra?) maravilhosa.

(Lya Luft, *Pensar é transgredir.* Rio de Janeiro: Record, 2009, 49-51).

Trata-se de uma crônica, sob a forma de um relato pessoal, entremeado, no entanto, de comentários acerca da questão envolvida nesse relato: *a imagem que os estrangeiros têm do Brasil é irreal e fantasiosa*. Na verdade, a crônica não deixa de apresentar um teor argumentativo, uma vez que a estratégia de relatar e comentar os episódios preencheu a função de, tal como argumentos, comprovar o ponto de vista defendido pela autora já no parágrafo introdutório.

Os comentários que preenchem a crônica se apoiam em experiências vividas pela autora, que assume, assim, em primeira pessoa, o papel de narradora participativa. Aliás, o fato de todo o relato acontecer em primeira pessoa já constitui um recurso reiterativo, um meio de marcar a coesão e a coerência do texto.

Mas vamos a mais detalhes acerca da construção da crônica *Nós os brasileiros.*

As funções textuais decorrentes de aspectos da seleção vocabular

Tomemos como referência, para este texto, as palavras que se repetem. Partindo do pressuposto de que a ocorrência de repetições, mesmo em um texto da prosa literária, não é aleatória, podemos descobrir, nessas repetições, funções discursivas significativas. Vejamos, por exemplo:

(a) a repetição da palavra 'Brasil' e de seus derivados ('brasileiro'/'brasileira') — constitui para o leitor uma *instrução* acerca de um dos tópicos tratados, possivelmente o principal, já que é a palavra que se repete o maior número de vezes; essa conclusão pode ser respaldada pela constatação de que palavras que expressam seu contrário, como 'estrangeiro', e 'Exterior', também ocorreram mais de uma vez[11]; corrobora ainda essa conclusão a referência reiterada a outros países ou a cidades de outros países; ou seja, uma pista que regularmente pode ser dada como indicação da trilha por onde vai o tema central do texto é a evidência das repetições;

(b) se tomarmos a repetição como reiteração — num sentido bem amplo — podemos constatar que, se as palavras não se repetem literalmente, se repetem seus valores semânticos nas associações que são feitas, até mesmo quando há oposição entre tais valores; observemos, por exemplo, em relação a 'Brasil' (e a tudo que dele se fala e se conhece), as associações perceptíveis entre itens como floresta, plantas, rios, bichos, flores, carnaval, caipirinha, futebol, praias, matos; igualmente, podemos reconhecer as associações

[11] Por sinal, a ocorrência de antônimos, na sequência do texto, também é sinal de articulação entre partes do texto ou de sua coesão. O que precisa ser explorado é a relação de continuidade criada no texto pelos dois ou mais antônimos. É muito pouco significativo apenas saber que tal palavra corresponde ao antônimo de uma outra.

entre as palavras: poemas, romance, escritores, autores, professores, universidades, estudantes, livros, editora, traduzir, inglês, entre outras; essas associações já seriam suficientes para nos apontar em que direção vai a unidade semântica do texto[12];

(c) um outro tipo de repetição pode ser visto na recorrência de estruturas sintáticas — o paralelismo — como já definimos; o paralelismo, de fato, constitui um recurso de reiteração, uma vez que uma determinada forma de construção sintática — ou uma estrutura de construção dos segmentos — se repete; esse tipo de repetição é reiterativo e, portanto, coesivo; observemos o paralelismo presente na sequência de segmentos coordenados a seguir: *E nem a cor de meu cabelo e olhos, nem meu sobrenome, nem os livros que li na infância, nem o idioma que falei naquele tempo;*

(d) igualmente, tem uma composição reiterativa o segmento: *Não faltam flores azuis, rios cristalinos* e *tigres mágicos* (expressões referenciais formadas por substantivos no plural [sem determinante] seguidos de um adjetivo); o outro segmento com que a autora, no final, fecha suas considerações também apresenta paralelismo em sua construção (uma sucessão de atributos): *nesta terra de tão surpreendentes misturas: imensa, desaproveitada, instigante e (por que ter medo da palavra?) maravilhosa;*

(e) a afirmação de que a imagem do Brasil é, para os estrangeiros, *muito pouco real* encontra coerência, na sequência do texto, com outras expressões, tais como: *bosque poético, tigres mágicos, serpentes hirtas acariciando corpos como dedos amorosos;*

(f) no final, o segmento *Porque o Brasil é tudo isso* é claramente resumitivo; o pronome indefinido 'isso' presta-se muito bem a essa retomada, que, praticamente, reitera todas as afirmações que foram feitas antes sobre o Brasil;

(g) o segmento *Mesmo que tentasse explicar* estabelece com o trecho anterior uma relação de concessão, tanto assim que, em seu lugar, poderíamos usar um outro conectivo concessivo como 'ainda que', 'embora' etc.; vale a pena considerar a correlação entre os tempos verbais em *Mesmo que tentasse explicar, ninguém acreditaria*: o primeiro verbo

[12] Não se trata, portanto, de reduzir o levantamento do vocabulário do texto ao critério de dar o significado desconhecido de certas palavras. Trata-se de tomar o léxico do texto como pista para reconhecimento de suas informações, suas ideias, seus argumentos principais, sua unidade semântica, sua coerência, enfim.

Por esse viés, fica evidente ainda que não tem sentido solicitar a escrita de um texto a partir de um conjunto de palavras com que se pode 'treinar' sua complicada ortografia. Nesse caso, a associação pela qual se juntou esse grupo de palavras não foi semântica; foi gráfica. E ninguém fala ou escreve a partir da pretensão de juntar palavras que apresentam os mesmos sons ou as mesmas letras. A gente fala ou escreve para dizer coisas que têm sentido, coisas semanticamente afins e, portanto, coerentes.

exprimindo uma hipótese requer, na oração seguinte, um outro verbo que também exprima uma possibilidade futura;

(h) com o trecho *nesta terra de tão surpreendentes misturas*, podemos resgatar, além da referência a 'Brasil' ('nesta terra'), a ideia de que o país é o resultado de diferentes expressões culturais, como está explicitado no trecho imediatamente anterior (*eu era tão brasileira quanto qualquer negra de origem africana vendendo acarajé nas ruas de Salvador*).

Em suma, outra vez comprovamos que a seleção vocabular de um texto é regida pelo imperativo de emprestar-lhe continuidade e unidade. Qualquer ruptura com essa regularidade é justificável: observe-se que a ocorrência das palavras *macaco*, *loja*, *cristais* — que foge totalmente aos eixos semânticos do texto — se explica pelo fato de tais palavras pertencerem a um refrão popular ("Tão estranho quanto um macaco em uma loja de cristais".), esse, sim, como refrão, relacionado ao aspecto temático tratado na crônica. De outra forma, não teria sentido associar palavras tão distantes semanticamente das outras que constituem o fio central do texto.

O que se tem revelado evidente nessas análises é que a dependência semântica entre as partes de um texto vem também (sobretudo?) pelo léxico. A concentração do ensino da língua em classificações e nomenclaturas dos itens da gramática nos privou de perceber esse aspecto. Praticamente, deixamos de lado o léxico e vimos o texto, apenas, como uma peça construída pela gramática. Evidentemente, só há um sentido recuperável em *Uma editora europeia me pede que traduza poemas de* autores estrangeiros *sobre o Brasil* porque as palavras estão arrumadas segundo as determinações da gramática da língua. Mas tais determinações já são sabidas por todos os falantes nativos e não respeitá-las, implica, naturalmente, comprometer o que se pretende dizer. E isso ninguém quer. Lembremos, por exemplo, que ninguém, mesmo um analfabeto, diria "Europeia editora uma me que pede traduza poemas estrangeiros de autores Brasil sobre o." Pois é: vale a pena não separar léxico e gramática, para que fique bem explícito que os sentidos dos textos são expressos pela conjunção dos dois — esses mesmos — léxico e gramática — submetidos às circunstâncias em que ocorre o evento comunicativo. Nessa perspectiva, vejamos mais algumas observações acerca da crônica em análise.

Quanto a outros aspectos da construção do texto

Nem sempre a continuidade depende da presença explícita de conectivos ou de expressões que denotem algum tipo de sequência. É o caso da crônica em análise, como veremos a seguir.

De fato, a continuidade da crônica é percebida pela sucessão de *fatos da mesma natureza*, que, por sua vez, corroboram o ponto central comentado: *a imagem que se tem do Brasil no Exterior é irreal*. Daí que:

(a) nos dois primeiros parágrafos, o tema é posto, assim como a disposição da autora frente a ele (*vontade de inserir ali* |nos poemas que traduz| *um grãozinho de realidade*);

(b) o 3º. parágrafo prepara o leitor para a série de episódios *(Nas minhas idas (nem tantas) ao Exterior)*, a partir dos quais a constatação da autora (*a imagem que se tem do Brasil no Exterior é irreal*) vai ser demonstrada;

(c) nos parágrafos seguintes, (do 4º ao 9º), os episódios se sucedem; a sequência entre eles é marcada simplesmente pela passagem de um episódio a outro; essa passagem, por vezes, foi sinalizada por expressões que supunham uma ligação com algo anterior, como no inicio do sétimo parágrafo *Pior ainda* (pior do que aquilo que foi narrado no item anterior); também se pode perceber uma relação de continuidade sinalizada pela expressão *A culminância*, cujo sentido exprime uma relação de comparação (comparação de superioridade) com algo dito anteriormente; essas expressões indicam ainda que se tratava de episódios análogos — por isso, um pode ser visto como 'pior' que outro ou como 'o pior de todos' ('a culminância');

(d) do 10º ao 14º parágrafos, a autora se concentra na sua avaliação dos episódios relatados ('pensei mais uma vez que...'); começa por admitir que a imagem de um Brasil irreal não é devida simplesmente a visões de estrangeiros *(mas também é culpa nossa. Pois o que mais exportamos de nós é o exótico e o folclórico.)*; vale a pena considerar o uso da primeira pessoa do plural nesse segmento, expresso nos pronomes 'nossa', 'nós' e no verbo 'exportar', uso que recupera a referência a 'Brasil' e que explicita a nacionalidade da autora;

(e) o 12º e o 14º parágrafos se iniciam com o conectivo aditivo 'e', como marcador de um fio em continuidade;

(f) vale a pena considerar também os comentários do enunciador sobre seu próprio discurso, o que ficou evidente em passagens como: *Traduzo os poemas por dever de ofício, mas com uma secreta — e nunca realizada — vontade de inserir ali um grãozinho de realidade.* Ou em: *Nas minhas idas (nem tantas) ao Exterior;* Ou ainda em: *(por que ter medo da palavra?)* Esses comentários, já que são inserções que fogem ao fio das ideias, vêm sinalizados com travessões ou parênteses.

7.4 Análise do comentário "O maiúsculo e o minúsculo"

O MAIÚSCULO E O MINÚSCULO

(1) É lastimável quando alguém simplifica em demasia as realidades complexas: perde a proporção dos fatos e se põe a fazer afirmações desprovidas de qualquer fundamento. Enquanto essas simplificações permanecem nos limites estritos do idiossincrático, parece não haver maiores problemas, afinal cada um acredita naquilo que bem lhe apraz. Contudo, quando essas simplificações ultrapassam tais limites e começam a sustentar ações com repercussão para além do idiossincrático, a situação se torna, no mínimo, preocupante.

(2) É o que tem ocorrido ultimamente com certa discussão em torno da língua. Nessa área, há, sem dúvida, questões maiúsculas a serem enfrentadas. O Brasil precisa desencadear um amplo debate com vista à elaboração de uma nova política linguística para si, superando os efeitos deletérios de uma situação ainda muito mal resolvida entre nós.

(3) Essa nova política deverá, entre outros aspectos, reconhecer o caráter multilíngue do país (o fato de o português ser hegemônico não deve nos cegar para as muitas línguas indígenas, europeias e asiáticas que aqui se falam, multiplicidade que constitui parte significativa do patrimônio cultural brasileiro). Ao mesmo tempo, deverá reconhecer a grande e rica diversidade do português falado aqui, vencendo de vez o mito da língua única e homogênea.

(4) Será preciso incluir, nessa nova política, um combate sistemático a todos os preconceitos linguísticos que afetam nossas relações sociais e que constituem pesado fator de exclusão social. E incluir, ainda,

um incentivo permanente à pesquisa científica da complexa realidade linguística nacional e à ampla divulgação de seus resultados, estimulando com isso, por exemplo, um registro mais adequado, em gramáticas e dicionários, da norma-padrão real, bem como das demais variedades do português, viabilizando uma comparação sistemática de todas elas, como forma de subsidiar o acesso escolar (hoje tão precarizado) ao padrão oral e escrito.

(5) Apesar de termos essas tarefas maiúsculas à frente, foi uma questão minúscula que, a partir de uma grosseira simplificação dos fatos, acabou por tomar corpo em prejuízo de todo o resto: a presença de palavras da língua inglesa em nosso cotidiano.

(6) Uma observação cuidadosa e honesta dos fatos nos mostra que, proporcionalmente ao tamanho do nosso léxico (composto por cerca de 500 mil palavras), esses estrangeirismos não passam de uma insignificante gota d'água (algumas poucas dezenas) num imenso oceano.

(7) Mostra-nos ainda mais (e aqui um dado fundamental): muitos deles, pelas próprias ações dos falantes, estão já em pleno refluxo (a maioria terá, como em qualquer outra época da história da língua, vida efêmera).

(Carlos Alberto Faraco. *Folha de S.Paulo.* 13/05/2001).

Focalizando, mais especificamente, os recursos que promovem a articulação entre partes do texto, merecem destaque os pontos seguintes.

- O título O *maiúsculo e o minúsculo* já indica que se trata de uma questão considerada *em seus opostos*, o que se confirma ao longo do texto: questões maiúsculas são todas aquelas relacionadas a '*uma nova política de tratamento das questões linguísticas*'; a questão minúscula é a dos '*estrangeirismos linguísticos*'.
- Essa oposição é mais claramente explicitada no quinto parágrafo: *Apesar de termos essas tarefas* maiúsculas *à frente* (aquelas ligadas à 'nova política'), *foi uma questão minúscula* (a presença de palavras da língua inglesa em nosso cotidiano) *que (...) acabou por tomar corpo*. Esse

fato é retomado logo a seguir, pelas expressões esses *estrangeirismos, muitos* deles, a maioria.

- A informação de que os estrangeirismos vêm *a partir de uma grosseira simplificação dos fatos* reitera o que é dito no início: É lastimável quando alguém *simplifica em demasia as realidades complexas.* É dessa 'simplificação' que resulta uma questão minúscula, a qual, por isso mesmo, não representa mais que uma *insignificante gota d'água (algumas poucas dezenas) num imenso oceano.* Como se vê, as ideias vão se reiterando umas às outras. Cada uma vai, em algum ponto, mantendo o fio da conversa.
- No âmbito da referenciação, são frequentes as retomadas correferenciais, que implicam volta a um mesmo objeto de discurso anteriormente referido; evidentemente, essas retomadas são elos fortes que vão marcando a continuidade semântica do texto.
- Nesse âmbito da correferência, vejamos, por exemplo, no primeiro parágrafo, as expressões *essas simplificações* ou a *tais limites,* além do pronome '*lhe*' que também retoma correferencialmente a expressão 'cada um'; no segundo parágrafo, em '*discussão em torno da língua*', o termo em destaque é retomado por '*nessa área*'; no final do mesmo parágrafo, é dito que *O Brasil precisa desencadear um amplo debate com vista à elaboração de uma nova política*; esta expressão é retomada logo a seguir em '*Essa nova política*', no terceiro e no quarto parágrafos, deixando, portanto, os três parágrafos bem amarrados. Além desses elos, vale referir que o terceiro e o quarto parágrafos consistem numa descrição acerca do que seria '*essa nova política*', uma política voltada para as *grandes questões linguísticas do país,* o que será, significativamente, retomado depois, no início do quinto parágrafo, pela expressão *essas tarefas maiúsculas.*
- Muitas expressões referenciais aparecem delimitadas pelo uso de adjetivos restritores ou especificadores, como em

'questões *linguísticas*', 'línguas *indígenas*', 'observação *cuidadosa* e *honesta*', 'acesso *escolar*', 'patrimônio *cultural brasileiro*', '*complexa* realidade *linguística nacional*', entre muitas outras.

- A formulação com que se inicia o último parágrafo *(Mostra-nos* <u>*ainda mais*</u>*)* também estabelece coesão com o parágrafo anterior, pois, além da elipse de sujeito, que retoma a expressão '*Uma observação cuidadosa e honesta dos fatos*', instrui o leitor para o acréscimo de mais um argumento *(ainda mais)*.
- A referência a *uma grosseira simplificação* <u>*dos fatos*</u> — o que está na linha do <u>minúscula</u> — remete depois para 'Uma observação cuidadosa e honesta <u>dos fatos</u>' — o que resultará no domínio do <u>maiúsculo</u>. Mantém-se assim a oposição anunciada desde o título.
- No trecho, "É lastimável quando alguém simplifica em demasia as realidades complexas*: perde a proporção dos fatos e se põe a fazer afirmações desprovidas de qualquer fundamento*", os dois-pontos sinalizam que vem a seguir uma explicação da afirmação anterior. É preciso juntar os dois segmentos para apanhar o sentido do todo. Essa ideia de 'simplificação', já vimos, é reiterada depois no quinto parágrafo.
- Outras ocorrências, envolvendo retomadas pronominais ou adverbiais, também podem ser vistas: (Brasil: *si*; Brasil: *aqui*).
- O uso de 'contudo', no primeiro parágrafo, sinaliza a oposição entre as simplificações que cabem *nos limites estritos do idiossincrático* e as outras que *ultrapassam tais limites*. Essa oposição já antecipa a outra, que consistirá num dos eixos mais significativos do texto: <u>o minúsculo</u> — uma simplificação para além do idiossincrático.
- Outras oposições podem ser percebidas entre: '*simplificar*' e '*realidades complexas*'; entre: 'limites estritos do idiossincrático' e 'para além do idiossincrático'; entre

'diversidade do português falado' e '*língua única e homogênea*'; tais oposições são tão coesivas quanto as relações de equivalência, pois mantêm o foco temático em desenvolvimento.

- A referência, na primeira pessoa do plural em: *uma situação ainda muito mal resolvida* *entre nós* e em *nossas* *relações sociais* evidencia a pretensão do autor de incluir-se entre as pessoas envolvidas no problema analisado.
- O *caráter multilíngue do país* é mais adiante especificado, pois são referidas *as muitas línguas indígenas, europeias e asiáticas que aqui se falam.*
- O quarto parágrafo começa com o trecho: *Será preciso incluir...*, para mais adiante reiterar: *E incluir ainda...* São marcas da continuidade do texto tanto a conjunção aditiva, quanto a repetição do verbo, quanto a presença do advérbio 'ainda'.
- O autor se permite posicionar-se ante o que afirma nos segmentos entre parênteses, como: *(hoje tão precarizado)* e *(e aqui um dado fundamental)*; *(algumas poucas dezenas); (a maioria terá, como em qualquer outra época da história da língua, vida efêmera)*. O uso dos parênteses indica exatamente a entrada de uma outra voz: *aquela do autor*, diferente da voz pública do saber científico divulgado.
- Ou seja, por essa pequena amostra — não exaustiva — já se pode concluir pela densidade coesiva do texto em análise, o que favorece, em muito, a apreensão de como os sentidos vão-se articulando para resultar em um todo inteligível e interpretável.

7.5 E a gramática na construção desses textos?

Tenho reforçado, nestas análises, a convicção de que *todo texto se constrói pelo concurso de vários fatores*, inclusivamente e de forma relevante, pelos fatores gramaticais. Isolar, na perspectiva dos sentidos e das intenções pretendidos, a contribuição de cada um desses fatores torna-se uma tarefa pouco significativa além de praticamente impossível.

Pelas análises que acabamos de fazer, pode-se perceber como o uso de pronomes (pessoais e demonstrativos), de expressões nominais indefinidas e definidas, de adjetivos restritores ou especificadores, de numerais, de conjunções, de preposições e locuções, de advérbios, de afirmações explicativas ou interrogativas (precedidas ou não dos respectivos sinais), de vírgulas e parênteses, para citar apenas estes itens, contribuiu para a expressão do que se pretendia dizer. Merece referir ainda — além dos sentidos postos e pressupostos nas palavras — a própria arrumação das palavras na estruturação sintática dos enunciados, o que implica também a efetivação da coesão e da coerência.

Enfim, a construção de um texto se faz de forma integrada, indissociável; cada constituinte textual se superpondo a outro ou aos outros, sem falar em todos aqueles elementos que estão implicados contextualmente, ou seja, fora do texto. Quer dizer, a construção de todo texto supõe procedimentos que, simultaneamente, asseguram a continuidade dos sentidos e a unidade semântica e pragmática expressos na materialidade das palavras e nas pressuposições contextuais envolvidas.

Em outras palavras: o sentido de qualquer texto se constrói na articulação: entre partes e todo, entre o lexical e o gramatical, entre o linguístico e o pragmático; entre o texto e a situação de comunicação. Qualquer isolamento de um desses elementos reduz a significação e a funcionalidade das ações de linguagem.

O ideal é que sejam sistemáticas, sejam frequentes análises de textos pautadas por referenciais como os que temos explicitado aqui. Em doze anos de estudo escolar da língua — do fundamental ao fim do ensino médio — é bem possível que alunos e professores vejam, em qualquer texto, muito mais que exemplares soltos de classes de palavras ou de funções sintáticas de seus termos. É bem possível que vejam as múltiplas funções que todas as categorias (lexicais, gramaticais, textuais e pragmáticas) desempenham para que *faça sentido* tudo o que é dito.

> Se, de um lado, um texto é uma unidade semântica, e não gramatical, de outro, os significados são compreendidos por meio de uma "colocação em palavras", e, sem uma teoria de "colocação das palavras", isto é, *sem uma gramática, não há como explicitar uma interpretação do sentido de um texto* (destaque meu).
>
> (Maria Helena M. Neves, *Ensino de línguas e vivência de linguagem*, 2010: 200)

Capítulo 8

Fundamentos para a análise de textos: o foco em aspectos da adequação vocabular

Chega mais perto e contempla as palavras
Cada uma
Tem mil faces secretas sob a face neutra
(Carlos Drummond de Andrade, *A rosa do povo)*

Um dos índices de um bom desempenho comunicativo, sobretudo daquele formal e socialmente prestigiado, é um repertório vocabular amplo e diversificado. Em outras palavras, a disponibilidade de variar o vocabulário — inclusivamente para incluir expressões menos comuns, mais especializadas ou mais próprias de um determinado domínio social — marca nossa atuação linguística como representativa de um grupo social letrado e culto.

Longe, portanto, de ser a estrita fidelidade às regras da norma-padrão o que nos confere maior prestígio social, até porque essa norma nem sempre está claramente definida, além de aquela "estrita fidelidade" nem sempre ser socialmente funcional.

Como se não bastassem essas razões, vale lembrar que *as normas gramaticais básicas — inclusivamente aquelas que subjazem aos ditames da norma-padrão* — já fazem parte de nossa competência linguística internalizada. A própria natureza interativa da linguagem coíbe qualquer uso que venha contrariar aquelas "normas básicas", para que não fiquem comprometidas nossas pretensões comunicativas.

Em suma, um repertório vocabular amplo e diversificado é condição de uma atuação comunicativa socialmente participativa, funcional e relevante.

Desse modo, a ampliação do repertório lexical do aluno deve ser um dos objetivos prioritários do ensino de línguas. No entanto, pelo que tem sido sobejamente discutido, a primazia dos objetivos de ensino tem sido dada ao campo da gramática, com todas as confusões que, secularmente, se interpuseram na história de seus conceitos e aplicações. Consequentemente, o estudo do léxico:

(a) foi se restringindo a exercícios de identificação do significado das palavras supostamente desconhecidas;
(b) tem carecido do apoio das pistas contextuais e daquelas outras presentes no texto para a identificação desses significados;
(c) tem-se fixado na exploração de sinônimos e antônimos;
(d) tem privilegiado o estudo do sentido literal das palavras;
(e) tem-se concentrado em atividades de substituir em frases palavras de significados idênticos ou opostos;
(f) enfim, tem descartado, no estudo do léxico, a perspectiva do texto e do discurso.

8.1 A relevância da adequação vocabular de um texto

Nas análises anteriores, tivemos oportunidade de demonstrar o quanto a seleção lexical de um texto concorre para o estabelecimento de sua coerência, para a definição de sua unidade semântica. De fato, equivalências, contiguidades e associações semânticas em um texto constituem a condição de sua unidade e de sua funcionalidade comunicativa. Evidentemente, essa condição é assegurada pelo concurso do léxico e da gramática. Mas não resta dúvida de que o léxico tem uma função significativa na estruturação do texto, na construção de seus sentidos, na definição de sua adequação às condições sociais de seus contextos de uso.

Em qualquer grupo social, as situações de uso da linguagem são imensamente diversificadas. Variam os eventos sociais em que atuamos; variam os interlocutores; variam os propósitos com que interagimos; variam os gêneros textuais em que nos expressamos; ou seja, tudo é bastante próprio de cada situação comunicativa. Daí por que as atividades de linguagem supõem uma grande versatilidade de quem as executa, sobretudo em um mundo caracterizado por uma explosão de mais e novos modos de interação; sobretudo em um mundo cada vez mais dependente da informação escrita ou digital.

Alargar as possibilidades lexicais de as pessoas terem acesso às informações, de poderem entrar no mundo da comunicação especializada, no domínio da divulgação científica não pode deixar de ser objetivo de uma escola que pretenda ser a grande força de elevação das condições de vida dos grupos sociais.

Para chegar a realizar esse objetivo, proponho a consideração de alguns pontos.

8.2 Uma questão fundamental: o critério da associação semântica entre as palavras do texto

O parâmetro da coerência global impõe, naturalmente, o critério *da associação semântica entre as palavras do texto*. Vimos, em análises anteriores, como os núcleos de sentido que asseguram a unidade do texto condicionam palavras com sentidos afins a se fazerem presentes, marcando, dessa maneira, a definição desses núcleos.

Nessa perspectiva, a escolha das palavras já está, *grosso modo*, definida desde a seleção do tema, desde a direção da argumentação ou do objetivo pretendido. Até certo ponto, a área semântica em que recaem as palavras é prévia à própria realização da interação. No curso que se abre pelo início do texto uma ou outra digressão pode acontecer; mas, do ponto de vista global, certas palavras já estão excluídas pelo fato de "não terem nada a ver" com a direção dos sentidos pretendidos.

Esse ponto é de fundamental importância na construção e na compreensão das atividades discursivas. A intuição de que um texto tem começo, meio e fim aponta para essa condição da *unidade semântica pretendida*, o que implica uma *convergência de sentido* possibilitada pelas palavras semanticamente afins.

Vimos, por exemplo, na fábula *Os urubus e os sabiás*, a rede criada por palavras que se articulavam mutuamente, criando um ou outro núcleo, responsável, no final, pela unidade pretendida.

Explorar esse ponto no estudo do vocabulário representa uma exigência de um ensino que objetive, de fato, o desenvolvimento de competências textuais, discursivas, interacionais mais amplas e mais eficazes. Lamentavelmente, essa não tem sido a direção das atividades escolares.

Passemos a outros pontos também significativos no âmbito da exploração lexical.

8.3 As palavras e suas combinações preferenciais

O arranjo das palavras na linha do texto, já sabemos, não é aleatória. Mais do que isso, qualquer palavra não pode vir com qualquer uma outra. Elas também, as palavras, têm suas companhias preferidas. Formam pares, selecionam-se mutuamente; por vezes, até se convertem em expressões fixas, em construções cristalizadas que passam a funcionar como se fossem 'palavras compostas'. É o caso, por exemplo, de 'ódio mortal', de 'modéstia à parte', 'risco de vida', 'custo de vida', 'zona de rebaixamento', 'faixa etária', 'qualidade de vida' e tantas outras.

Esse fenômeno — que concerne à co-ocorrência de palavras num mesmo segmento — é explorado em linguística sob o termo de *colocação*. A ele é atribuído, inclusivamente por Halliday e Hasan (1976), uma função coesiva preponderante, pois se instaura pelo fato de *as palavras tenderem a ocorrer junto a determinadas outras e não junto a qualquer uma*. Noutras palavras, determinadas palavras tendem a vir juntas com determinadas outras, formando pares ou segmentos mais ou menos estáveis ou fixos e, por isso, previsíveis[1].

Essa seleção das palavras, na formação regular de combinações, acaba por constituir um traço que manifesta a identidade cultural de uma língua. Por exemplo, no Brasil o leite original, com gordura, é 'leite integral'; sem gordura, é 'leite desnatado'; em Portugal, os mesmos produtos são chamados, respectivamente, 'leite gordo' e 'leite magro'. Particularidades lexicais que, de certa forma, manifestam o ângulo de visão de cada cultura.

Essas expressões, em geral, cristalizam-se a ponto de não admitirem a inserção de uma outra palavra ou a troca de uma por um seu sinônimo. A 'longa distância' nunca seria a 'comprida distância'; nem 'vale a pena' poderia ser 'vale o sofrimento', por exemplo. O 'mercado financeiro' nunca poderia ser 'o mercado bem financeiro', assim como o 'cartão de crédito' nunca poderia ser 'o cartão de bom crédito'; e assim por diante.

Ou seja, se somos livres para escolher as palavras não somos tão livres assim quando se trata de combiná-las. Esse é mais um motivo que fundamenta a necessidade de se alargar as perspectivas de exploração das questões lexicais. Muito há o que ver para além dos significados das palavras, sobretudo se elas não são vistas como unidades autônomas. A solução é vê-las acontecendo *nos mais diferentes gêneros e contextos discursivos*.

[1] Lembro a pertinência de se explorar com os alunos as chamadas 'expressões idiomáticas', tão vinculadas às percepções culturais de cada região e de cada grupo. Nesse âmbito da estabilidade de certos segmentos, convém lembrar o interesse que pode ter a exploração dos provérbios – sem dúvida, a grande expressão da intuição natural dos falantes.

8.4 O uso de sinônimos

No meio acadêmico, já é consensual o princípio de que *não existe sinônimo perfeito*. Intuitivamente, os falantes, em geral, também têm consciência desse princípio quando dizem: *Maria não é bonita, é linda. Maria não está contente; está feliz.*

Ou seja, explicitamente ou não, somos capazes de perceber que os sentidos das palavras que parecem idênticos admitem uma espécie de gradação, admitem detalhes de diferenciação que os deixam levemente diferentes, a ponto de não poderem ser considerados como *intersubstituíveis*. Esses detalhes de diferenciação decorrem da própria ação dos falantes em suas atividades de linguagem, onde, sem dúvida, os sentidos das palavras vão apanhando ajustes, vão sofrendo extensões ou restrições, vão apanhando, enfim, outros valores para além daqueles já sedimentados.

Isso implica admitir que os significados das palavras andam, deslizam, movem-se, diferenciam-se, por acréscimo ou por redução de traços semânticos. Os semanticistas são unânimes em admitir, para além dos significados conceituais das palavras, os significados afetivos que as palavras vão adquirindo ao longo do tempo. Por isso é que 'bonito' e 'lindo' não correspondem exatamente ao mesmo e, portanto, não são intersubstituíveis.

Os domínios sociais em que predominam as representações das diferenças — vistas, na maioria das vezes, como julgamentos de valores — são fartos na geração desses significados afetivos. Lembremos o recurso dos eufemismos — um recurso ditado, sobretudo, pelas regras da polidez comunicativa — que se expressam por diferentes modos de se atenuar esses julgamentos de valores. O 'velho' é, atenuadamente, denominado de 'idoso'; a 'velhice', de 'a terceira idade' ou ainda de 'a melhor idade'[2].

Os recursos metafóricos e metonímicos, tão comuns nos usos — especializados e mais triviais — da linguagem, também favorecem, em muito, esse *deslizamento dos sentidos das palavras*. Afinal, os falantes vão interferindo no destino das palavras à medida que lhes parece conveniente face às suas necessidades de interação. É impossível, pois, pensar em palavras cujos significados não se mobilizem, não se modifiquem, não ganhem acréscimos ou reduções.

[2] Ilari (2001: 68-77) explora, em textos, inclusive, os diferentes aspectos relacionados a esses elementos conceituais e afetivos do sentido. Vale a pena se inspirar aí para criar outras oportunidades de análise dos sentidos das palavras para além de seus limites conceituais.

Nesse âmbito da sinonímia, vale a pena lembrar a multissignificação possível para as palavras, por conta dos contextos em que elas aparecem (vejamos, por exemplo, os sentidos da palavra 'cultura' no âmbito da educação e no âmbito da análise clínica; da palavra 'cédula' no campo das finanças e no campo das eleições partidárias, da palavra 'operação' no mundo médico e no mundo político, para ficar apenas nestes três exemplos). Deter-se no estudo dos significados das palavras fora do texto — que é sempre contextualizado — é apanhar, apenas, um dos aspectos que definem as condições de seu funcionamento: o do seu significado conceitual básico.

Não menos significativas são aquelas relações de equivalência referencial (de que falei no capítulo 6) criadas no interior de um texto. Lembro a fábula de Millôr Fernandes *A galinha reivindicativa*, em cujo começo é apresentada *uma galinha em greve*, que é, no final, referida como '*a doidivanas*'. Evidentemente, não se trata de sinônimos, conforme as determinações do dicionário, mas, no interior daquele texto, as duas expressões funcionam, inconfundivelmente, como estabelecendo uma equivalência igual àquela proposta para os sinônimos.

A escola precisa estar atenta a todos esses aspectos que afetam os significados das palavras — matéria com que construímos nossas atividades de linguagem. Precisa afastar-se daquela concepção *engessada* de linguagem, em que tudo parece inalterável, intocável, apesar dos múltiplos usos, contextos e funções em que essas palavras comparecem. As línguas mortas — isto é, as línguas não faladas — é que não mudam. (*Seria a língua da escola uma língua morta?*)

8.5 O uso de hiperônimos

Em trabalhos anteriores (ver Antunes, 1996, 2005), tive oportunidade de mostrar a funcionalidade dos hiperônimos no estabelecimento dos nexos coesivos e das relações de coerência. As equivalências referenciais, por exemplo, que são ensejadas pelo uso de hiperônimos, respondem pela maioria dos nexos que envolvem relações lexicais. As restrições impostas à equivalência pela sinonímia desaparecem quando se trata da hiperonímia, pois, neste âmbito, as possibilidades de significação, exatamente por serem gerais ou inespecíficas, abarcam muito mais contextos. Muitos itens lexicais podem ser retomados por outros como 'elemento', 'produto', 'dispositivo', 'procedimento', 'medida', 'fato', 'jogo', 'veículo', entre milhões de outros. A hiperonímia é funcional exatamente por possibilitar essa relação de correspondência (ver, por exemplo: a equivalência entre 'o recente *assalto*' e 'os investigadores *do crime*').

8.6 A questão dos vocabulários técnicos

Cada setor da vida social é marcado por diferenciações práticas que incluem situações, objetos, mecanismos, procedimentos, próprios à realização operacional desses setores. É natural, portanto, que haja especializações lexicais ou, por outras palavras, que cada domínio da experiência disponha de seu vocabulário específico, isto é, selecione um conjunto de palavras que recebem, nesse domínio, um significado específico e permitem, com mais êxito, a interação entre seus membros.

O vocabulário da área médica, da área pedagógica, da área jornalística, entre outras, tem suas especificidades marcantes. Conhecê-las é uma condição de bom desempenho e de crescente sucesso. Afinal, essas especificações lexicais constituem significativos elementos de nossas particularidades culturais.

No âmbito desse ponto da especialização, podemos inserir a adequação vocabular requerida pelos contextos mais formais de uso da linguagem, que nos faz falar em, por exemplo, 'a pretensão bélica iraniana', 'a elevação do índice de precipitação no Nordeste', 'a desaceleração do processo de maturidade', 'o potencial de crescimento da leitura', entre outros dizeres, que poderiam parecer estranhos numa situação social de informalidade. O contato com textos mais ou menos distantes desse nível informal é imprescindível para que possamos nos adequar a contextos públicos da comunicação, em geral, mais formais que as conversas da vida privada.

Somente em um estudo contextualizado da língua pode-se perceber essas estratégias tão comuns de se assegurar o êxito de nossas atividades de linguagem.

8.7 Os efeitos de sentido pretendidos por meio de recursos morfossintáticos

Em português, dispomos de certos recursos morfossintáticos que provocam nos enunciados diferenças de significado relevantes. Lembremos, por exemplo, as alterações de sentido evidenciadas pela posição de um elemento na sequência do enunciado. São bem diferentes semanticamente as expressões 'um certo dia' e 'um dia certo'; 'alguma ideia' e 'ideia alguma'; 'meu filho' e 'filho meu', 'o galo velho' e 'o velho galo'; entre outras.

O que me interessa sublinhar aqui é que o estudo do léxico deve superar a simples identificação de seus significados dicionarizados para abranger as especificações, os deslizamentos, as expansões ou restrições de sentido que as palavras sofrem. Tal objetivo somente é possível pela análise persistente de textos reais, orais e escritos, que acontecem nas mais diferentes agências e nos mais diversos suportes da comunicação diária.

Uma outra alteração de sentido, nesse âmbito da morfossintática, tem a ver com a questão da pluralização. Isto é, não é tão indiferente assim pluralizar ou não uma palavra.

Com efeito, o recurso da pluralização anula (ou, pelo menos, atenua) o nível de abstração da palavra, ou seja, converte-a para um patamar inconfundível de concretude. O exemplo mais comum corresponde às formas 'bem' (substantivo abstrato) e 'bens' (substantivo concreto).

Essa particularidade semântica das palavras, atrelada ao uso do plural, não é explorada no estudo do léxico. Muito frequentemente, testemunhamos a dificuldade dos alunos em discernir os contextos em que uma palavra pode ou não ser pluralizada. 'A liberdade' é uma coisa; 'as liberdades', outra bem diferente. O mesmo se poderia dizer de 'o vinho', 'os vinhos'; 'a água', 'as águas'; 'o amor', 'os amores'; 'o jogo', 'os jogos' e milhões de outros pares. A expressão 'os analfabetos' designa entidades contáveis e, assim, admite o plural. A expressão 'o analfabetismo', perde seu sentido geral e abstrato se for pluralizada.

Ou seja, a questão de passar uma palavra do singular para o plural não pode ser vista apenas como um procedimento morfológico de acrescentar um 's', ou um 'es' etc. Pôr uma palavra no plural tem consequências semânticas significativas que, não respeitadas, provocam sérias incoerências discursivas. Nessa direção, vale lembrar que muitas são as palavras cujo uso mais frequente é o da forma singular, como 'desenvolvimento', 'crescimento', 'economia', 'globalização', 'agricultura', exatamente pelo teor de abstração de seus significados.

É significativo, além disso, que se mantenha uma sintonia entre os níveis de abstração em que as entidades são relacionadas: por exemplo, soa esquisito dizer que "Em nosso decorrer do dia a dia, *nos relacionamos com a humanidade*". (O dia a dia não está próximo e concreto demais para que nos relacionemos com a humanidade, tão geral e abstrata?)

Esses e outros são detalhes muito significativos quando se pretende acertar no domínio da adequação vocabular, no campo da 'palavra certa' para o 'lugar certo'. Como vimos, até mesmo o domínio gramatical interfere no êxito dessa adequação.

Na verdade, por estas análises, estou querendo frisar que:

- o estudo do léxico é muito significativo para quem deseja ampliar suas competências comunicativas;
- esse estudo deve ser amplo, a fim de atingir outros mecanismos de significação para além daqueles puramente lexicais;
- somente a instância dos textos reais propicia o conhecimento de todas as possibilidades de sentido que o léxico de uma língua pode abranger.

tem horas que a gente se pergunta...
por que é que não se junta
tudo numa coisa só?

(Fernando Anitelli, *Sintaxe à vontade*)

Capítulo 9

Práticas de análises de textos quanto a aspectos de sua adequação vocabular

Conscientes da relevância da *adequação vocabular de um texto*, vamos, em seguida, examinar alguns textos ou fragmentos de textos e procurar perceber passagens que ilustrem um ou outro dos princípios desenvolvidos no capítulo anterior:

- *a associação semântica entre as palavras do texto;*
- *as palavras e suas combinações preferenciais;*
- *o uso de sinônimos;*
- *o uso de hiperônimos;*
- *o vocabulário técnico ou especializado;*
- *os efeitos de sentido pretendidos por meio de diferentes recursos morfossintáticos.*

Passemos às análises.

9.1 Análise do comentário "A liberdade e o consumo 1"

A LIBERDADE E O CONSUMO

Quantos morreram pela liberdade de sua pátria? Quantos foram presos ou espancados pela liberdade de dizer o que pensam? Quantos lutaram pela libertação dos escravos? No plano intelectual, o tema da liberdade ocupa as melhores cabeças, desde Platão e Sócrates, passando por Santo Agostinho, Spinoza,

Locke, Hobbes, Hegel, Kant, Stuart Mill, Tolstoi e muitos outros. Como conciliar a liberdade com a inevitável ação restritiva do Estado? Como as liberdades essenciais se transformam em direitos do cidadão? Essas questões puseram em choque os melhores neurônios da filosofia, mas não foram as únicas a galvanizar controvérsias.

Mas vivemos hoje em uma sociedade em que a maioria já não sofre agressões a essas liberdades tão vitais, cuja conquista ou reconquista desencadeou descomunais energias físicas e intelectuais. Nosso apetite pela liberdade se aburguesou. Foi atraído (corrompido?) pelas tentações da sociedade de consumo.

O que é percebido como liberdade para um pacato cidadão contemporâneo que vota, fala o que quer, vive sob o manto da lei (ainda que capenga) e tem direito de mover-se livremente?

O primeiro templo da liberdade burguesa é o supermercado. Em que pesem as angustiantes restrições do contracheque, são as prateleiras abundantemente supridas que satisfazem a liberdade do consumo (não faz muitas décadas, nas prateleiras dos nossos armazéns ora faltava manteiga, ora leite, ora feijão). Não houve ideal comunista que resistisse às tentações do supermercado. Logo depois da queda do Muro de Berlim, comer uma banana virou um ícone da liberdade no Leste Europeu.

A segunda liberdade moderna é o transporte próprio. BMW ou bicicleta, o que conta é a sensação de poder sentar-se ao veículo e resolver em que direção partir. Podemos até não ir a lugar algum, mas é gostoso saber que há um veículo parado à porta, concedendo permanentemente a liberdade de ir, seja aonde for. Alguém já disse que a Vespa e a Lambretta tiraram o fervor revolucionário que poderia ter levado a Itália ao comunismo.

A terceira liberdade é a televisão. É a janela para o mundo. É a liberdade de escolher os canais (restritos em países totalitários), de ver um programa imbecil ou um jogo, ou estar tão perto das notícias quanto um presidente da República — que nos momentos dramáticos pode assistir às mesmas cenas pela CNN. É estar próximo de reis, heróis, criminosos, superatletas ou cafajestes metamorfoseados em apresentadores de TV.

Uma "liberdade" recente é o telefone celular. É o gostinho todo especial de ser capaz de falar com qualquer pessoa, em qualquer momento, onde quer que se esteja. Importante? Para algumas pessoas, é uma revolução no cotidiano e na profissão. Para outras, é apenas o prazer de saber que a distância não mais cerceia a comunicação, por boba que seja.

Há ainda uma última liberdade, mais nova, ainda elitizada: a internet e o correio eletrônico. É um correio sem as peripécias e demoras do carteiro, instantâneo, sem remorsos pelo tamanho da mensagem (que se dane o destinatário do nosso *attachment* megabáitico) e que está a nosso dispor, onde quer que estejamos. E acoplado a ele vem a *web*, com sua cacofonia de informações, excessivas e desencontradas, onde se compra e vende, consomem-se filosofia e pornografia, arte e empulhação.

Causa certo desconforto intelectual ver substituídas por objetos de consumo as discussões filosóficas sobre liberdade e o heroísmo dos atos que levaram à sua preservação em múltiplos domínios da existência humana. Mas assim é a nossa natureza, só nos preocupamos com o que não temos ou com o que está ameaçado. Se há um consolo nisso, ele está no saber que a preeminência de nossas liberdades consumistas marca a vitória de havermos conquistado as outras liberdades, mais vitais. Mas, infelizmente, deleitar-se com a alienação do consumismo está fora do horizonte de muitos. E, se o filósofo Joãozinho Trinta tem razão, não é por desdenhar dos luxos, mas por não poder desfrutá-los.

(Claudio de Moura Castro, *Veja*, 8 de agosto de 2001).

Quanto à associação semântica entre as palavras do texto

Voltamos a reconhecer que todo o vocabulário de um texto está, fundamentalmente, vinculado à ideia central, ao núcleo que representa a sua unidade semântica.

Assim, pôr em relação os conceitos de 'liberdade' e 'consumo' implica naturalmente mover-se pelos sentidos próximos a esses conceitos, sejam esses sentidos equivalentes, apenas próximos, contíguos ou até mesmo opostos. Daí por que nenhuma palavra está 'solta' ou comparece sem critério, de forma aleatória — o que já é sobejamente sabido.

Com base nessa pequena introdução, já podemos afirmar que é significativa toda a seleção vocabular do texto *A liberdade e o consumo*, que fala em:

- *liberdade, libertação*
- *liberdades consumistas,*
- *liberdades essenciais,*
- *liberdades vitais;*
- *liberdade burguesa;*
- *apetite pela liberdade;*
- *a liberdade de escolher;*
- *a liberdade de ir, seja aonde for*

e, por outro lado, se refere a:

- *consumismo;*
- *objetos de consumo;*
- *ideal comunista;*
- *sociedade de consumo;*
- *resistência às tentações do supermercado*, entre outras coisas.

No âmbito da questão em apreço, vale a pena prestar atenção nas diferenças de sentido da palavra 'liberdade', quando pluralizada. De fato, a pluralização dessa palavra implica trazer sua referência para o nível do concreto, especificamente para o nível dos diferentes 'tipos de liberdade', ou melhor, de situações em que se pode vivenciar a possibilidade da escolha pessoal. Como discutimos no capítulo anterior, a pluralização é um recurso morfossintático que expressa uma mudança no modo de perceber os objetos de referência: como coisas abstratas (incontáveis, portanto) e coisas concretas (discretas e contáveis).

Na verdade, a liberdade de que fala o autor é desmembrada em várias 'liberdades': a liberdade de consumo, a liberdade do transporte público, a liberdade da televisão, a liberdade do telefone celular, a liberdade da internet. Ou seja, o efeito da pluralização é trazer para o âmbito das *situações concretas* o exercício da liberdade, enquanto entidade abstrata.

Essa multiplicidade de liberdades ativa outros domínios de referência, o que leva, naturalmente, o texto para uma *seleção vocabular especializada*, conforme cada um desses domínios. Daí por que encontramos referência a:

- *supermercado, contracheque, prateleiras abundantemente supridas, armazéns, manteiga, leite, feijão, banana;* faz referência a *transporte próprio; BMW ou bicicleta, veículo, Vespa, Lambretta, em que direção partir, liberdade de ir, seja aonde for;* fala em: *televisão, canais, programa, jogo, notícias, assistir, cenas, apresentadores, TV;* fala em: *telefone celular, gostinho ... de ... falar com qualquer pessoa, em qualquer momento, prazer de saber que a distância não mais cerceia a comunicação, por boba que seja;* e ainda, faz referência a: *internet, correio eletrônico, carteiro, mensagem, destinatário,* attachment *megabáitico,* web, *informações* etc.

O que pretendo ressaltar com este levantamento é o critério mais geral e mais determinante para a seleção vocabular de um texto, que é, na verdade, *sua vinculação aos tópicos em torno dos quais os sentidos se desenvolvem.* Portanto, a adequação vocabular do texto é, antes de tudo, uma questão ligada à coerência, seja em relação a seu tópico global seja em relação a particularidades em que esse tópico se desmembra.

Quanto a outros itens mais pontuais

(a) a ativação de conhecimentos enciclopédicos, algumas vezes mobilizados, como nas referências a: *Muro de Berlim, Leste europeu; CNN; Vespa, Lambretta; Joãozinho Trinta,* além das referências que aparecem logo no primeiro parágrafo a: *Platão e Sócrates, Santo Agostinho, Spinoza, Locke, Hobbes, Hegel, Kant, Stuart Mill, Tolstoi;*

(b) o recurso a metáforas, como em: *janela para o mundo (televisão); templo da liberdade (supermercado); sob o manto da lei;* (a alienação do consumismo está) *fora do horizonte de muitos, o fervor revolucionário; apetite pela liberdade;*

(c) o recurso a metonímias, como em: *os melhores neurônios da filosofia;* (o tema da liberdade) *ocupa as melhores cabeças;*

(d) a correlação semântica e pragmática entre as referências a: 'informações, excessivas e *desencontradas*' e *'filosofia e pornografia, arte e empulhação*'; entre 'conciliar a liberdade' e 'a ação restritiva do Estado', ou entre '*heroísmo*' e '*preservação*' (da liberdade); entre 'uma última liberdade', mais *nova, ainda elitizada*'; entre '*vitória* de havermos *conquistado* as outras liberdades'; entre 'só nos preocupamos com o que *não temos* ou com *o que está ameaçado*', o que caracteriza contextos de significativa adequação vocabular;

(e) a diversidade pretendida na enumeração de: *reis, heróis, criminosos, superatletas ou cafajestes* para ressaltar a redução de tudo isso a 'apresentadores de TV';

(f) a oposição sublinhada em: 'peripécias e *demoras do carteiro*' e o caráter '*instantâneo*' do correio eletrônico; ou as outras oposições expressas em: 'compra e vende'; 'filosofia e pornografia', 'arte e empulhação', essas últimas corroborando a ideia de 'informações desencontradas';

(g) o uso de uma expressão coloquial: '*que se dane* o destinatário do nosso *attachment* megabáitico', uma escolha que se ajusta ao critério de liberdade em discussão;

(h) o valor afetivo do diminutivo em: 'É o gostinho todo especial de ser capaz de falar com qualquer pessoa';

(i) a sequência decrescente presente em: *Quantos morreram pela liberdade de sua pátria? Quantos foram presos ou espancados pela liberdade de dizer o que pensam?* E a sumarização disso em: *Quantos lutaram pela libertação dos escravos*;

(j) os pares que tendem a ser recorrentes, como em: 'pacato cidadão', 'sofre agressões', 'objetos de consumo', 'resistir às tentações', 'compra e vende', 'existência humana';

(k) o uso de hiperônimo em: 'BMW ou bicicleta', retomados depois por 'veículo'; a esse propósito é significativa a ocorrência da expressão 'Essas *questões*', no final do primeiro parágrafo, depois de serem feitas nada menos que seis perguntas;

(l) a escolha de palavras menos usuais (cercear, deleitar-se, desfrutar, galvanizar controvérsias, acoplado) como recurso de adequação a um contexto público, como é o caso da divulgação em revistas de grande circulação, embora o suporte 'revista' já condicione certa aproximação com o coloquial (como já foi mostrado em: '*que se dane*').

Em suma, é difícil apontar em um texto coerente e bem articulado todos os casos de 'adequação vocabular'. Por critérios diferentes, todas as palavras, em geral, se ajustam, como já referi, às determinações dos sentidos e das intenções pretendidos, seja em relação ao tópico global, seja em relação aos subtópicos particulares.

Para apanhar esses sentidos, o que transparece como significativo é o exercício de uma análise mais ampla, orientada pela interpretabilidade do texto, o que ultrapassa a simples conferência dos significados das palavras supostamente desconhecidas.

9.1.1 Observações sobre alguns fatos gramaticais verificados no comentário "A liberdade e o consumo"

No desenvolvimento do tópico anterior, já consideramos um ou outro item da gramática e sua função na constituição dos sentidos do texto. Entretanto, pretendemos destacar agora outros aspectos que foram significativos no texto e que podem ser objeto de exploração no desenvolvimento dos programas do estudo escolar.

Nessa perspectiva, chamamos a atenção para:

- as perguntas retóricas que aparecem no início do texto e em seu percurso; são perguntas que não cumprem a função de interrogar, de encontrar respostas para eventuais dúvidas; antes, cumprem a função de despertar o interesse do leitor, convocam o interlocutor para entrar no clima da interação, sugerindo que ele pode encontrar ali respostas para questões que são significativas (o mínimo, o menos relevante que se podia fazer aqui era *apenas* reconhecer que se trata de frases interrogativas, marcadas por um sinal de interrogação);
- a demarcação do contexto onde a afirmação ganha validade: *No plano intelectual, o tema da liberdade ocupa as melhores cabeças* (outra vez lembro que é muito pouco ficar na classificação desse segmento como adjunto

[1] Noções sobre o processo de referenciação que acontece na sequência dos textos precisa ser um dos itens do programa de estudo da língua. Somente por esse meio se pode apreender quando convém o uso do artigo definido ou do indefinido, e outras particularidades para garantir a clareza da continuidade referencial do texto.

Outra questão que pode ser explorada, no âmbito das relações entre as palavras, é o uso da 'partonímia', isto é, de palavras que expressam 'partes' de um conjunto, ou de uma 'série', como vimos em relação a 'correio' e 'carteiro'.

Ou seja, há muito o que explorar. O que é preciso é enxergar além...

adverbial [de lugar?] e não perceber que se trata de uma 'demarcação' do campo onde se pode aceitar o que é dito);

- a ocorrência de uma retomada lexical não correferencial (chamada também de anáfora indireta) em: É um *correio sem as peripécias e demoras do carteiro*; é a referência a 'correio' que permite o uso da expressão referencial definida em 'o carteiro'[1];
- o envolvimento do autor frente ao que é dito, ou, noutras palavras, o comentário que o enunciador faz de seu próprio discurso em: *Nosso apetite pela liberdade se aburguesou. Foi atraído (corrompido?) pelas tentações da sociedade de consumo.* Por essa razão, a pergunta entre parênteses. (Vale a pena fazer um levantamento de todos os segmentos que estão entre parênteses e reconhecer a estratégia discursiva do autor de ir entremeando o texto — a princípio, objetivo — com ponderações de ordem pessoal, por vezes, sem restrição: *um pacato cidadão [...] que [...] vive sob o manto da lei [ainda que capenga]*;
- a sequência marcada pelo uso dos numerais no início dos parágrafos: *O primeiro templo; A segunda liberdade, A terceira liberdade.* Outras marcas dessa sequência aparecem em: *Uma liberdade recente; Há ainda uma última liberdade.* O uso do artigo indefinido, nesses dois últimos segmentos, atesta que se trata de 'outras liberdades' ainda não referidas (são, portanto, novos objetos de discurso só agora introduzidos);
- o uso da primeira pessoa do plural, para indicar a pretensão do enunciador de pertencer ao grupo de que se fala: *um correio sem as peripécias e demoras do carteiro, (...) que está a nosso dispor, onde quer que estejamos;* trata-se, como se pode observar, de um recurso morfossintático que acarreta um certo efeito de sentido;

- a ênfase pretendida em: *com qualquer pessoa, em qualquer momento, onde quer que se esteja;* vemos que não houve a preocupação de evitar a repetição de palavras; houve o empenho em tornar a linguagem mais convincente, que é o que importa nesse contexto;
- o uso do advérbio em: *infelizmente, deleitar-se com a alienação do consumismo está fora do horizonte de muitos,* o qual expressa o sentimento de desagrado do autor diante do que é afirmado.

Ou seja, advérbios, artigos, numerais, interrogações, plurais, parênteses e outras tantas categorias gramaticais são partes constitutivas de um sentido que está em construção. Sua relevância está, justamente, em possibilitar a expressão desse sentido.

9.2 Análise da anedota "Boateiro"

Experimentemos agora analisar um texto com outro teor de informação e outro propósito comunicativo[2].

[2] A fim de não adotar rigidamente a mesma configuração de análise, vamos adotar agora uma sequência mais solta, fora dos esquemas das análises anteriores.

BOATEIRO

Diz que era um sujeito tão boateiro que chegava a arrepiar. Onde houvesse um grupinho, ele estava na conversa e, em pouco tempo, estava informando: "Já prenderam o novo Presidente", "Na Bahia os comunistas estão incendiando as igrejas", "Mataram agorinha um cardeal"; enfim, essas boasas. O boateiro encheu tanto que um coronel resolveu dar-lhe uma lição. Mandou prender o sujeito e, no quartel, levou-o até um paredão, colocou o pelotão de fuzilamento na frente, vendou-lhe os olhos e berrou:

— Fogooooo !!!

Ouviu-se aquele barulho de tiros, e o boateiro caiu desmaiado.

Sim, caiu desmaiado, porque o coronel queria apenas dar-lhe um susto. Quando o boateiro acordou na enfermaria do quartel, o coronel falou para ele:

— Olhe, seu pilantra, isto foi apenas para lhe dar uma lição. Fique espalhando mais boato idiota por aí, que eu lhe mando prender outra vez e aí não vou fuzilar com bala de festim, não.

Daí soltou o cara que saiu meio escaldado pela rua e logo na primeira esquina encontrou uns conhecidos.

— Quais são as novidades?— perguntaram os conhecidos.

O boateiro olhou pros lados, tomou ar de cumplicidade e disse baixinho:

— O nosso exército está completamente sem munição.

(Stanislaw Ponte Preta, *Garoto linha dura*, Rio de Janeiro: Civilização Brasileira, 1975.)

Logo de saída, podemos destacar:

- a escolha do vocabulário — bem próximo do nível coloquial — o que se ajusta ao texto, uma vez que se trata da narração de um episódio meio anedótico, com propósito cômico, inclusive;
- o título, 'Boateiro', pelo que já se pode presumir por onde vai o curso das informações trazidas;
- a expressão de uma ameaça, formulada explicitamente em: *Fique espalhando mais boato idiota por aí, que eu lhe mando prender outra vez;*
- marcas da oralidade própria dos contextos informais; por exemplo, o início do texto com a expressão 'Diz que era', um começo bem apropriado na contagem de boatos, quando não é conveniente explicitar 'o agente' do verbo 'dizer'. Nesses casos, portanto, é mais conveniente apelar para uma indeterminação do sujeito, como acontece na sequência da narrativa: '*prenderam* o novo Presidente', '*Mataram* agorinha um cardeal', conforme costumamos fazer em nossas conversas do dia a dia;
- expressões com gosto de coloquialidade, como em:
  — [um boateiro] *que chegava a arrepiar* (uma palavra que sugere a imagem do trivial);
  — *Onde houvesse um grupinho* (um diminutivo com conotação visivelmente coloquial);

— *Mandou* prender *o sujeito*, (a força intencional do verbo 'mandar'; a expressão referencial [*o sujeito*], que, ao mesmo tempo, cria distância e expressa informalidade);
— *O boateiro encheu tanto* (uma metáfora criada pela gíria típica dos contextos informais);
— [o coronel] *berrou* (uma escolha somente apropriada por se tratar de um contexto episódico);
— *Olhe, seu pilantra* (um chamamento que condiz com a atuação meio irresponsável do boateiro);
— *Daí soltou o cara* (uma expressão típica de um vocabulário que beira os padrões da gíria);
— *boato idiota* (palavras que formam um par bem compatível);
— aí *não* vou fuzilar com bala de festim, *não* (a repetição da negativa costuma ser uma regularidade do português coloquial);
— o cara que saiu meio *escaldado* (uma metáfora bem próxima também dos usos mais comuns da linguagem);
— *O boateiro olhou* <u>pros</u> *lados* (uma combinação que é bem típica das situações informais de comunicação).

Naquele nível da *convergência semântica das palavras* em relação aos eixos da unidade pretendida, pode-se apontar:

- o domínio da instituição militar (*coronel, quartel, mandar prender, dar uma lição*);
- o domínio do castigo pela boataria (*prisão, pelotão, fuzilamento, venda nos olhos, barulho de tiros, cair desmaiado*).
- A referência a *bala de festim* encontra justificativa na disposição do coronel de apenas *dar um susto no boateiro* ou dar-lhe '*uma lição*'.

Outra vez se confirma o princípio de que a seleção vocabular de um texto constitui uma rede, sustentada por nós, cujas pontas nem sempre são imediatas umas às outras. A sequência, na verdade, é dada pelo sentido, que foge à linearidade estrita das palavras no texto.

9.1.2 Algumas observações sobre fatos gramaticais verificados na anedota "Boateiro"

Sem perder de vista as observações feitas na seção anterior, podemos destacar:

- as marcas da transcrição de um discurso direto (como em, por exemplo, *Olhe, seu pilantra, isto foi apenas para lhe dar uma lição);*
- a mudança de turnos entre os participantes da interação, sinalizada pelo uso dos travessões;
- o uso da expressão '*Daí*', como marca da ordem sequencial da narrativa;
- o sentido de encerramento de uma enumeração em: *enfim*, essas boasas;
- o uso dos chamados 'verbos do dizer', que são frequentes em narrativas em discurso direto, como em: *perguntaram* os conhecidos; O boateiro (...) *disse* baixinho, por exemplo;
- a repetição dos segmentos em: o boateiro *caiu desmaiado*. Sim, *caiu desmaiado*, o que configura uma reiteração bem adequada ao teor enfático do relato em curso;
- o uso do pronome 'lhe' como complemento direto em *eu lhe mando prender outra vez*, o que remete para um contexto de informalidade, onde figuram outras normas gramaticais para além daquelas prescritas pela gramática tradicional[3];
- a representação meio icônica feita em *Fogooooo !!!*, conseguida não apenas pela reincidência da vogal como pelo uso repetido do ponto de exclamação;
- a alternância entre o artigo indefinido e o artigo definido em '*uns* conhecidos' e '*os* conhecidos', o que sinaliza um elo de correferencialidade entre as duas expressões.

[3] A propósito deste caso, lembro que é muito produtivo analisar os efeitos de sentido pretendidos por certas transgressões às regras da gramática, quando se percebe claramente que se trata de uma transgressão intencional, em função de algum propósito. Rachel de Queiroz, em uma de suas crônicas, fala nos 'estrelos' que, ao contrário da 'arraia miúda', escrevem sem esforço, sem padecer (ver Rachel de Queiroz. *Estado de S. Paulo*. 22 mar. 2003). Uma atividade interessante para os alunos poderia ser coletar, nos anúncios, nos textos literários, nos textos humorísticos e em tantos outros, exemplos dessas transgressões, cheias de tanto significado! É ver a língua acontecendo...

- Vale referir que também podem ser vistos um ou outro uso mais comum em contextos formais, como, por exemplo: *levou-o até um paredão; vendou-lhe os olhos.*

Todas essas considerações me fazem lembrar um trechinho de Drummond, escrito como parte de seu diário.

Nesse trechinho, se pode ler o seguinte:

> Março, 12
>
> Tanto trabalho para redigir a carta de resposta a uma diretora de serviço público que me mandou observações sobre uma crônica que publiquei no *Jornal do Brasil*. Problema: achar o tom adequado, a palavra justa, a expressão medida e insubstituível, nem mais nem menos. Chego à conclusão de que escritor é aquele que não sabe escrever, pois quem não sabe escreve sem esforço. Já Manuel Bandeira era de outra opinião: "Se você faz uma coisa com dificuldade, é que não tem jeito para ela." Duvido (grifos meus).
>
> (Carlos Drummond de Andrade, *O observador no escritório: páginas de diário*. Rio de Janeiro: Record, 1985)

Merece destaque a explicitação do problema de Drummond: *achar o tom adequado, a palavra justa, a expressão medida e insubstituível, nem mais nem menos.* Noutras palavras, conseguir uma adequação vocabular que garanta coerência, clareza e elegância de estilo, talvez, a uma *carta de resposta a uma diretora de serviço público.* O fato de se tratar de uma resposta a observações anteriormente feitas, o fato de se tratar de uma autoridade constituem exigências que oneram o trabalho do escritor de encontrar *a palavra justa, sem mais nem menos.*

Diante dessa confissão de Drummond, só podemos admitir que 'a procura das palavras' exige empenho, cautela, apreciação, até que achemos a 'palavra justa', ou seja, aquela que nos pareça capaz de dizer o que queremos dizer, a quem e pelos motivos que sabemos. Essa competência supõe experiência, persistência, tentativa, disposição para analisar, maturação. Somos donos das palavras, mas, dialeticamente, somos servos de seus limites semântico-pragmáticos. Traem-nos quando não as pomos em seus devidos lugares, sobretudo quando não estamos na área soberana da literatura, onde a servidão a elas é atenuada.

O certo é que as palavras têm suas acomodações costumeiras, mais ou menos previstas pelos limites da língua, mais ou menos previstas pelos contextos em que vão servir de mediação.

Voltemos às nossas análises.

9.3 Análise do comentário "A geração digital entra em cena"

A GERAÇÃO DIGITAL ENTRA EM CENA

Julia Baldacci Orlovsky brinca de boneca e faz roupinhas como toda criança de 5 anos fazia na época de sua mãe e continua fazendo ainda hoje. Com uma diferença: ela desenha no computador os vestidos, que depois são impressos em tecido. O fim da velha brincadeira de casinha? Não, sinal dos tempos. A nova geração, nascida sob o signo da revolução da informática, sabe manejar computadores com a mesma agilidade com que suas avós manejavam dedal, agulha e linha. Muito diferente de seus pais, que só foram conhecer os recursos do micro quando adultos, a maior parte no ambiente de trabalho.

A geração que amava os Beatles e os Rolling Stones tem pesadelos diários com os manuais de instrução dos aparelhos eletrônicos. Seus filhos nem precisam se valer deles. Leonardo Sá Freire de Oliveira, de 9 anos, aprendeu a ligar o aparelho de som aos 2 anos para apreciar seus CDs prediletos. Depois, conheceu o videocassete, o videogame e o computador. Aos 4, decepcionou-se com a aula de informática da pré-escola que frequentava porque os micros eram antiquados. "Não tem Windows? Então não quero", declarou à professora atônita na época. Os pedagogos reagem desconcertados ao fenômeno que ameaça fugir de seu controle. Como lidar com crianças assim?

André Matias Ribeiro, de 4 anos, não sabe ler nem escrever, mas desde os 3 mexe no micro. Para ele, o *mouse* é mais fácil de movimentar que a caneta. Ana Luiza Pires da Cunha, de 10, desmonta e monta aparelhos eletrônicos desde pequena. Para crianças como essas, a vida de hoje sem controles remotos nem computadores equivaleria a uma idade das trevas. Todas têm extrema facilidade em lidar com novas tecnologias. Pesquisas feitas nos Estados Unidos mostraram que 70% das crianças daquele país usam computador em casa ou na escola. Algumas aprenderam com 18 meses a manusear o *mouse*. Em 1994, 50% dos jovens consideravam "in" acessar a internet. Essa porcentagem pulou para 88% no ano passado.

E no Brasil? Pesquisa exclusiva encomendada por *Época* ao Instituto Vox Populi, realizada em cinco capitais (São Paulo, Rio de Janeiro, Porto Alegre, Recife e Belo Horizonte) confirma que os brasileiros estão se digitalizando. Crianças como as paulistas Julia e Ana Luiza, o baiano André e o carioca Leonardo não são exceções. A maioria dos jovens de sua geração sabe usar aparelhos como computador, videocassete, micro-ondas e radiorrelógio. Muitos dos que têm computador passam longas horas rodando programas, jogos ou acessando a Internet. Quando ligados à rede mundial, navegam pelos sites mas também não perdem a oportunidade de frequentar salas de bate-papo.

(Heitor Shimizu e Frances Jones. *Época*, São Paulo, Globo, 19/10/1998. Fragmento).

O comentário em análise parte de um confronto entre dois grupos:

- o da geração mais nova (a das crianças), *nascida sob o signo da revolução da informática,* já sabendo *manejar computadores,* e
- o da geração mais antiga (a dos pais, a dos avós), que só *foram conhecer os recursos do computador quando adultos*.

Esse confronto é apenas o ponto de partida, pois o que o comentário pretende ressaltar são as habilidades dessa geração nova no uso da parafernália eletrônica. *Todas têm extrema facilidade em lidar com novas tecnologias.* Na verdade, a referência à geração mais antiga constitui apenas o pano de fundo, que dá mais realce àquela nova geração que *sabe manejar computadores com a mesma agilidade com que suas avós manejavam dedal, agulha e linha.* O eixo principal do texto gira, assim, em torno dessa precoce desenvoltura das crianças, um *fenômeno* frente ao qual *os pedagogos reagem desconcertados, pois não sabem como lidar com crianças assim.*

Daí que a seleção do vocabulário, para ser semanticamente adequada, vai ordenar-se por esses dois eixos e seus respectivos desdobramentos, com evidente concentração, é claro, no eixo relativo à 'nova geração'. Vejamos.

Em relação a este eixo, 'as palavras certas' começam por privilegiar o que seria próprio do grupo das meninas:

- *brincar de boneca, fazer* roupinhas, *vestidos, tecidos, brincadeira de* casinha (destacando os dois diminutivos sublinhados);
- para, depois, no desenvolvimento, incidirem sobre *micro, mouse, controle remoto, novas tecnologias, aparelhos eletrônicos, informática, videocassete, videogame, computador, internet, rede mundial, sites, salas de bate-papo*, entre outras. No âmbito específico dos verbos usados, vale referir os verbos *digitalizar, acessar, ligar, manusear, manejar, navegar* etc.
- Como se pode ver, são palavras ligadas a esse mundo da informática, das novas tecnologias, confirmando-se, assim, o princípio de que *o critério mais seguro para a seleção das palavras de um texto é a sua concentração temática.*
- Vale considerar que algumas dessas palavras — que constituem vocábulos específicos dessa área da informática — são palavras que emigraram de outras áreas ('navegar', por exemplo) e que foram aqui ressignificadas. De fato, as palavras podem adquirir novos significados conforme remetam para essa ou aquela área.
- É interessante destacar ainda que os representantes da nova geração têm nome e sobrenome; têm a idade apontada, o lugar de origem declarado; ou seja, *têm uma identidade particular* que é declarada. O que poderia parecer

um simples pormenor constitui, ao contrário, uma estratégia dos autores para reforçar a importância, nesse contexto, do grupo dos 'novos', o propósito maior do comentário.

Em relação ao grupo dos pais e avós, um grupo *anônimo*, o que melhor corresponde ao contexto é apresentá-lo como a:

- *geração que amava os Beatles e os Rolling Stones,*
- a que somente conheceu *os recursos do computador quando adultos, a maior parte no ambiente de trabalho;*
- e tinha *pesadelos diários com os manuais de instrução dos aparelhos eletrônicos.*
- Também não é por acaso que, em relação a esse grupo, se fale em 'pesadelo', e em relação às 'avós' (daquela época!) se fale em *dedal, agulha e linha.*

A distância entre os dois mundos é ressaltada pela afirmação de que a nova geração:

- 'não sabe ler nem escrever' mas 'desde os 3 mexe no micro' e 'movimenta o mouse com mais facilidade que a caneta'.

A maior concentração do texto à volta da 'nova geração', como já ressaltei, evidencia que a pretensão do comentário é dar maior importância a esse grupo. O outro entra no curso do texto, para, no confronto, ressaltar a proeza dos que parecem ter nascido já sendo capazes de 'manejar' os aparelhos eletrônicos. Os *pedagogos* também entram em cena, mas como figurantes de uma peça em que os protagonistas são, sem dúvida, a nova geração.

Ou seja, o que se pretende com essa pequena amostra de análise é ressaltar que o fundamento, a base da seleção vocabular de um texto tem raízes nos eixos que fazem a sua unidade semântica. Em fidelidade a esses eixos, em consonância com eles, é que se escolhe uma ou outra palavra e, por outro lado, se deixa de escolher muitas outras.

Na verdade, as palavras — com seus sentidos, postos e pressupostos — é que materializam a expressão do que se pretende dizer e fazer verbalmente. Em certo sentido, as palavras que hão de aparecer em um comentário, em um editorial, em um artigo de opinião, por exemplo, são previsíveis, desde que se conheça a direção de seus núcleos semânticos ou de suas pretensões intencionais.

Em qualquer análise, toda exploração do vocabulário deve ser feita nessa perspectiva do sentido global e de seus eventuais desdobramentos. Tal procedimento reforça a importância que se deve dar ao texto como totalidade: em seus sentidos e em suas intenções. Procurar os significados desconhecidos das palavras só tem sentido se as encaixamos nesse universo da compreensão global do que é dito.

9.1.3 Observações sobre alguns fatos gramaticais verificados no comentário "A geração digital entra em cena"

Vejamos como poderíamos nos apoiar em uma ou outra passagem do texto para desenvolver comentários que ressaltassem:

- a propósito de *'roupinhas — casinha'*, o valor afetivo que as expressões de grau, em muitos contextos, conferem aos substantivos ou adjetivos; esses valores, pejorativos ou não, diferem dos sentidos canônicos de grandeza ou pequenez; aliás, esse comentário poderia ir além para explorar o fato de que, no dia a dia, esses sufixos de grau podem ser acrescentados em, praticamente, todos os nomes da língua (por exemplo, *euzinho*, *elazinha*, *tudinho*, *nadinha*, *pertinho*, *cedinho*, *adeusinho*, *tchauzinho*, *até loguinho*), o que realça esse poder do falante de intervir e provocar alterações de sentido nas palavras;
- conforme referi, a indicação completa dos nomes dos componentes da nova geração é significativa nesse contexto, o que, sem dúvida, ultrapassa o simples reconhecimento de que se trata de nomes próprios; igualmente não é aleatória a omissão dos nomes e de outras marcas identitárias do grupo dos pais e avós; "na sombra", podem ficar anônimos;

- a ocorrência dos dois-pontos em *Com uma diferença: ela desenha no computador os vestidos, que depois são impressos em tecido.* Este sinalzinho indica que vamos ter acesso a uma explicação que foi previamente anunciada; pelo visto, a linha da continuidade vai sendo garantida;
- o sentido alargado do advérbio '*hoje*', para significar não '*o dia*' mas 'a época' em que acontece a enunciação;
- a passagem do discurso indireto para o discurso direto e as modificações que isso acarreta na sequência do texto, como em: "Não tem Windows? Então não quero", declarou à professora atônita na época. Observemos o uso das aspas, que marcam a introdução da fala literal de um outro enunciador, expressa, naturalmente, na primeira pessoa do singular; o fim das aspas e a volta a um verbo em terceira pessoa marcam o fim desse discurso direto[4];
- a rede de retomadas pronominais, adverbiais ou lexicais que promovem a continuidade referencial do texto e lhe emprestam unidade e coerência, como em: - *na época de* <u>*sua*</u> *mãe; - Muito diferente de* <u>*seus*</u> *pais; - A geração que amava os Beatles e os Rolling Stones* (uma descrição definida oracional que cria uma relação de equivalência referencial); - *Como lidar com crianças* <u>*assim*</u>*?; - Para crianças como* <u>*essas*</u>*;* <u>*Essa*</u> *porcentagem pulou para 88%; - 70% das crianças* <u>*daquele país*</u> *- A maioria dos jovens de* <u>*sua*</u> *geração; Muitos* <u>*dos*</u> *que têm computador*, para citar apenas esses casos;
- a ocorrência de expressões conectivas, de diferentes valores semânticos, como, por exemplo: *quando, para, depois, porque, mas, mais ... de que, desde, também, como, mas também;* descobrir as articulações expressas por essas palavrinhas representa uma habilidade significativa para quem pretende entender o que ouve ou lê.

[4] Pretendo mostrar com esses comentários o quanto aparecem nos textos questões que, inevitavelmente, estão ligadas à gramática da língua em uso e que podem, por isso mesmo, ser objeto de estudo nas salas de aula. Ou seja, *não falta o que ensinar...*

Enfim, essas e outras ocorrências podem servir de referência para que sejam definidas nossas programações de estudo da língua. Afinal, os fatos que observamos nas análises são previsíveis dentro das regularidades de outros textos, inclusive aqueles que havemos de ler e de escrever.

9.4 A título de sugestão: a análise do vocabulário de um poema

LÍNGUA

Esta língua é como um elástico
Que espicharam pelo mundo.

No início era tensa, de tão clássica.
Com o tempo, se foi amaciando,
foi-se tornando romântica,
incorporando os termos nativos
E amolecendo nas folhas de bananeira
As expressões mais sisudas.
Um elástico que já não se pode
Mais trocar, de tão gasto;
Nem se arrebenta mais, de tão forte.

Um elástico assim como é a vida
Que nunca volta ao ponto de partida.

(Gilberto Mendonça Teles. *Falavra*. Lisboa: Dinalivro, 1989, p. 95-96.)

Mais uma vez, me parece evidente que a escolha das palavras obedece, sobretudo, a critérios relacionados ao gênero, a seus propósitos comunicativos, à sua unidade semântica. Esses critérios é que definem por onde vão as palavras, ou melhor, por onde vai o sentido das palavras, mesmo de certas escolhas pontuais.

Daí por que, no texto em análise, vale a pena partir da constatação de que se trata de um texto poético, cujo propósito — todos sabemos — é causar emoção estética, e cujo tema explora aspectos do objeto histórico-social 'língua'.

Por esses ângulos, é de se destacar:

- a metáfora criada em torno da semelhança entre 'língua' e 'elástico'; essa metáfora expressa a ideia da *flexibilidade* das línguas: língua que, *com a passagem do tempo, se espicha*; língua que deixa de ser *tensa*, deixa de ser *sisuda* e *se amacia* e *amolece*;
- a compreensão de que essa *flexibilidade das línguas não as enfraquece*; pelo contrário — e continua a metáfora —, 'o *elástico' já não se pode mais trocar de tão gasto, nem se arrebenta mais, de tão forte;*
- as expressões 'No início' e 'Com o tempo' já indicam que está em jogo a referência a um tempo em passagem; essa perspectiva é reiterada depois pela diferença dos tempos verbais em *era tensa* e *se foi amaciando*. Um tempo presente parece ser o ponto de chegada dessa passagem: *um elástico que já não se pode mais trocar;*
- alusões às circunstâncias que marcaram a história da língua portuguesa no Brasil podem ser vistas nas referência a uma língua que *espicharam pelo mundo*, que incorporou *os termos nativos*, que foi *amolecendo nas folhas de bananeira as expressões mais* <u>*sisudas*</u>;
- a antonímia implicada em '*amolecer*' e expressões '*sisudas*' é mais clara ainda entre 'tão gasto' e 'tão forte'.

A compreensão desses itens é, sem dúvida, significativa para termos acesso aos sentidos pretendidos para o poema e, daí, às emoções ou ao gosto que ele desperta em nós.

Passemos agora a uma outra experiência de linguagem, onde a poesia é pouca, e a melancolia pode ser muita.

9.5 Análise de algumas "escolhas ao contrário"

É previsível que um texto, escrito para ser publicado num suporte prestigiado pelos meios sociais mais letrados, exiba uma seleção vocabular adequada. A própria contextualização em jogo impõe o respeito a esse critério de qualidade. Consciente disso, julguei que poderia cair numa redundância pouco funcional deter-me em análises sucessivas de textos que não apresentam ocorrências problemáticas de adequação vocabular.

Ocorreu-me, então, trazer para análise pequenos trechos de textos de alunos que apresentam problemas nesse âmbito da 'escolha certa da palavra certa'. Meu intuito é que, por esse meio, seja possível apreender com mais exatidão os motivos que levam a uma *inadequação vocabular*. Será, pois, uma 'análise ao contrário', assim como se examinássemos um objeto malformado para descobrir melhor seus padrões regulares de formação.

Os fragmentos que serão analisados foram colhidos em redações de alunos, no final do ensino médio. Tratava-se de uma dissertação cuja temática explorava questões ligadas às diferenças de gênero: homem e mulher.

Anotei fragmentos que me pareciam apresentar problemas de inadequação vocabular e, para este trabalho, selecionei alguns. Os meus comentários aparecem ao lado, entre parênteses. Vamos lá.

- O mundo tem passado por constantes mudanças e os seres vivos são responsáveis por isso — (A referência a 'seres vivos' abarca um domínio demasiado *amplo*, que, inclusivamente, ultrapassa o humano, o que gera uma desproporção em relação ao domínio mais *restrito* das mudanças; além disso, nem todos os seres vivos assumem as responsabilidades atribuídas no enunciado).
- O homem e a mulher *são seres humanos* privilegiados (A palavra '*humanos*' está a mais: os conceitos de 'homem' e de 'mulher' já esgotam toda a espécie humana; a afirmação do aluno aponta, implicitamente, para a possibilidade de existirem, dentro do humano, outros seres a mais que

o homem e a mulher, os quais não seriam privilegiados; uma questão de coerência, portanto).

- (o homem e a mulher) dois seres que são muito importantes *na vida atual* (Pela formulação do enunciado, pode-se concluir que, *antigamente*, o homem e a mulher não tinham importância, o que seria insustentável).
- esse conceito [o da liberdade] *transformou* as mulheres em *dias melhores* — (Pode-se perceber aí mais do que um problema: o mais grosseiro seria a pretensão de identificar 'mulher' com 'dias', ou seja, 'a mulher' passa a ser 'dias'. Uma solução, para deixar a escolha das palavras adequada, poderia ser usar uma outra palavra no lugar de 'transformou' e acrescentar outra que, talvez, estivesse na mente do autor quando quis fazer essa observação; algo como: 'esse conceito resultou em novas condições para a situação das mulheres; melhor ainda seria dizer: 'as práticas decorrentes dessa *concepção* resultaram em...'
- homem e mulher essas duas *raças humanas* (A pluralização do termo '*raça*', é nesse caso inadequada, pois, embora existam muitos tipos de raças, não se pode admitir mais do que uma para a espécie humana; um termo no plural implica a existência de mais de uma entidade da mesma espécie, entidades concretas e contáveis).
- *Na raça humana*, homem e mulher sempre estiveram juntos (A expressão destacada, com função de localizador da predicação feita, é imprópria; 'homem e mulher, juntos', onde? Na 'raça humana'? Além disso, não dá para saber se — no âmbito da origem e da evolução da raça humana — o homem e a mulher sempre estiveram juntos; ou seja, não se pode dizer qualquer coisa...)
- a *classe* social *masculina* (Não existe uma 'classe social' que seja diferenciada pelo sexo; a expressão em destaque é, portanto, inadequada; a impressão que dá é que falta o conhecimento em torno do conteúdo que muitas palavras

têm e implicam, lacuna que a escola poderia suprir pelas atividades de leitura e de análise de textos).

- a convivência *entre* pessoas *do sexo oposto* (Na verdade, o 'sexo oposto' só se define em relação ao sexo do enunciador; fora de uma contextualização explícita o que existe são sexos opostos — tomando como referência, é claro, uma classificação bipartida da sexualidade; o adequado seria falar em 'pessoas *de sexos diferentes*').
- entre *os sexos femininos e masculinos* (Os dois adjetivos não podem estar no plural, pois não existe mais de um sexo feminino nem mais de um sexo masculino; as indicações de plural implicam não correspondência com o mundo real e constituem, assim, sinal de incoerência).
- *o sexo feminino* era visto como a senhora do lar (A expressão em destaque designa uma entidade bastante geral e abstrata, não se articulando, assim, com o nível concreto em que aparece a outra 'senhora do lar'; 'mulher' e 'senhora do lar' é que correspondem ao mesmo nível de enquadramento semântico).
- mulheres que *possui* uns *salários* inferiores (A combinação 'possuir salário' não costuma ocorrer; parece incompatível; o verbo 'possuir' pode ser usado como sinônimo de 'ter' mas não em todos os contextos).
- o homem e a mulher só conseguirão...quando se unirem por causas justas: *robalheira, egoísmo, injustiça* (A enumeração em destaque não cabe no domínio 'geral, hiperonímico', da expressão 'causas justas'; faltou, é claro, um segmento como 'luta contra...'; aí, sim, caberiam os termos da enumeração feita).
- os meios de *comunicações* (Nesse caso, o uso do plural deixa a palavra inadequada; *comunicações* são objetos concretos, contáveis, frequentemente referidos, por exemplo, em congressos para designar os trabalhos apresentados; é de se destacar a dificuldade dos alunos para discernir os efeitos de sentido provocados pelo uso das marcas de plural).

- *está havendo várias* crianças abandonadas (O uso da locução 'está havendo' implica um sentido aspectual de continuidade, que não é compatível com o complemento 'crianças abandonadas', já que esse item do mundo real não acontece em um processo continuado: a criança não 'vai-se abandonando'; ela é ou não abandonada; além disso, o quantificador 'vários' também é inadequado, pois seu uso se aplica a um contingente de objetos menor do que o das 'crianças abandonadas').
- o *salário* do homem é sempre mais *remunerado* (o 'homem' é que mais ou menos remunerado'; não, o salário).
- a mulher, desvalorizada por *ter* um sexo mais frágil (O verbo 'ter', nesse caso, está inadequado, pois 'a mulher não *tem* um sexo mais frágil'; tampouco o uso do indefinido 'um' está apropriado; ou seja, 'a mulher não tem um sexo mais frágil'; ela, popularmente, É O sexo mais frágil': o uso do definido é fundamental para sinalizar a ideia pretendida do superlativo relativo).
- o mundo continua mudando *de uma forma tecnologicamente* (A indicação da circunstância de modo, feita nesse caso, não é compatível com o verbo 'mudar': pode-se mudar lentamente, rapidamente, bruscamente, mas não 'tecnologicamente'; a alusão a 'tecnologia' tem sentido se o pretendido é indicar a área ou o domínio onde acontecem as mudanças).

Por essa pequena amostra, concluímos que pode ser útil a análise dos textos dos alunos, com todas as *tentativas bem ou malsucedidas*, explicando-se as razões de uma e de outra coisa, sem o ranço de quem 'procura erros' para corrigir, ou para justificar o rebaixamento das notas.

Por essa pequena amostra, fica evidente ainda que o professor de línguas precisa incluir, em suas atividades pedagógicas, *a análise das condições textuais de adequação das palavras,* o que supõe:

- considerar os efeitos de sentido provocados pela inserção de qualquer palavra na vizinhança com outras ou na sequência do texto;

- destacar, ainda, os efeitos de sentido derivados de certos recursos gramaticais (como o uso de um plural, de um diminutivo, de uma diferença aspectual do verbo etc.);
- ter em conta o gênero, o propósito comunicativo, os interlocutores previstos, o nível mais ou menos formal da linguagem;
- não se limitar àqueles exercícios de procurar, fora dos contextos de uso, o significado de palavras desconhecidas.

Em suma, o estudo do léxico deve constituir *uma das prioridades do ensino*, considerando seu papel na construção do sentido global do texto, na expressão de seus propósitos comunicativos, no recíproco entendimento pretendido pelos interlocutores.

Essa perspectiva vai além da superficialidade das análises que privilegiam o 'correto' em detrimento do 'sentido' e da 'intenção' com que as coisas são ditas.

O ensino, para não ser tão desperdiçado, tem que ampliar-se!

Acordar não é de dentro.
Acordar é ter saída.

(João Cabral de Melo Neto)

Capítulo 10

Uma espécie de síntese: como no final de uma longa conversa

Os tópicos sobre que falamos foram muitos. Não podia ser diferente. O domínio das questões linguísticas é muito vasto; tem desdobramentos uns depois dos outros. Vão dar lá em tempos adâmicos, em terras dos primeiros gritos e balbucios humanos.

No caso do Brasil, as questões linguísticas têm raízes lá em Pedro Álvares Cabral, ou em tempos muito antes de suas caravelas, lançadas ao Tejo e daí ao mar para alargar os reinos — da terra e do céu. Têm raízes ainda na imensa heterogeneidade de povos indígenas e africanos, uns anfitriões, outros convidados forçados, aos quais se juntaram mais tarde asiáticos e outros europeus, além dos lusos.

Estudar a língua implica, pois, aceitar fazer *uma viagem* para descobrir essas raízes e os troncos que elas sustentam; para descobrir as flores e os frutos que pendem de seus galhos. Para usufruir da sombra de sua imensa copa, na certeza de que essa língua está viva, crescente ainda, transmudando-se a cada dia, graças à intervenção de cada de um de seus falantes.

Não desfiguremos, portanto, nós, brasileiros, essa oportunidade tão fascinante de descobrir a língua que falamos, a língua que escrevemos e lemos. Com toda a história de multiculturalismo que ela carrega. Entremos no encantamento desse caminho tão plural, mas, por isso mesmo, tão cheio de multissignificações. Aceitemos nos despir de velhos conceitos, cheios de ranço e de mofo, que nos faziam reduzir a língua a um sistema impessoal, a-histórico e des-humano, esgotável apenas por um conjunto de regras dogmaticamente definidas. Livremo-nos da impressão preconceituosa de que o português falado no Brasil não passa de uma caricatura desvirtuada da verdadeira língua portuguesa.

Envolvida nesse clima de aurora (que se segue a toda noite!), queria trazer, à guisa de síntese, alguns lembretes à volta de coisas que fui dizendo ao longo de nossa conversa. Vamos lá.

Quanto às práticas de análise

Na verdade, não há uma única fórmula de análise. Nem devíamos pretender que houvesse. Cada texto, com sua especificidade de organização, de desenvolvimento, de escolha das estratégias de abordagem, de seleção dos padrões de linguagem, é que vai inspirando os ângulos e os procedimentos de análise. Convém, portanto, que não engessemos nossas práticas de análise. Que saibamos renová-las, reinventá-las. Que saibamos surpreender, mesmo naquilo que o texto tem de regular e de estável, a novidade ou o jeito original de interpretar o que é dito. Se não, as análises viram exercício mecânico, pura rotina didática, cujo sentido se esvazia no próprio obscurecimento da função com que devem ser feitas. Sei que existe um corpo de princípios que asseguram as regularidades textuais; mas sei também que, de certa forma, o texto é que vai ditando as veredas por onde a análise nos deve levar: com um pé no repertório teórico que constituímos e com outro na linearidade do texto que temos diante de nós. O ideal maior seria que fizéssemos da análise uma prática não apenas escolar, convertida em tarefas de classe ou em dever de casa; mas que a estendêssemos ao exercício cotidiano da leitura e da escuta que fazemos por onde andamos. Ou seja, o ideal seria que o interesse por analisar textos, por examinar a forma como as coisas são ditas, os efeitos que se pretende obter dizendo assim ou assado, pudesse superar o exercício da sala de aula e atingisse a prática da comunicação diária, onde uma multiplicidade de fenômenos, velhos, reinventados, novos, estão a cada momento acontecendo.

Quanto aos critérios de análise

Tudo o que é dito tem que ser entendido *em seu sentido e em sua intenção comunicativa global*. Até mesmo o que parece apenas pontual se explica, de alguma forma, por alguma vinculação com a dimensão macro do texto. Daí que a primazia da análise deve recair sobre o entendimento das ideias, das informações, dos enredos que perpassam o texto por inteiro. A função predominante, o objetivo global, as ideias principais, o ponto de vista dominante, tudo, enfim, que caracteriza o texto como um todo deve constituir o interesse primeiro de qualquer análise. A prática de tomar fragmentos somente se justifica se esses fragmentos são vistos como partes constitutivas de um todo. O sentido de qualquer texto resulta da unidade criada pelas sucessivas amarras que vão sendo feitas ao longo de seu percurso. Nada aconteceu isoladamente. Nada pode ser visto como peça autônoma.

Quanto aos textos

Começando pelo óbvio, digo que textos de qualquer natureza, literários ou não, de qualquer tipo, gênero, ou modalidade, de qualquer tamanho, em circulação nesse ou naquele suporte, representantes desse ou daquele dialeto, não importa, podem ser objeto de análises em sala de aula. O repertório é inesgotável; cada vez mais inesgotável. Os planos pensados para o curso é que podem ir indicando que gêneros ou que modalidade explorar. Os interesses dos alunos (mesmo aqueles que contrariam os nossos!) também devem ser levados em conta. É interessante ainda que incluamos nesse rol os próprios textos dos alunos, que podem ser analisados em seus acertos e em suas tentativas malsucedidas. Está consensualmente provada a eficácia de se perceber *onde falhamos*, em vista de como fazer melhor mais adiante. De maneira geral, o propósito de trazer o texto para o centro da atividade pedagógica, pouco a pouco, nos faz enxergar a língua por parâmetros bem mais amplos e funcionais. O prejuízo maior de não termos nos centrado no texto foi o que a gente deixou de ver!

Quanto a aspectos do léxico em uso nos textos

O léxico precisa ser visto na sua dupla função: a dos sentidos que ativa e a do papel que cumpre na construção do texto. No que concerne à primeira função, convém destacar não o significado particular de cada palavra, mas *as relações de significado* que elas mantêm umas com as outras, o que supõe o cuidado de não considerá-las isoladamente. A sinonímia, a antonímia, a hiperonímia, por exemplo, são textualmente relevantes porque criam uma rede de ligações entre um e outro ponto do texto. E, por esse viés, chegamos à segunda função do léxico: constituir *os fios que tecem a malha da unidade de sentido pretendida na interação.* Os pontos do texto que as palavras ocupam se articulam para garantir que a unidade não se perca. Assim é que, por exemplo, uma palavra que ocorre logo no primeiro parágrafo pode se justificar pela convergência criada com uma outra que aparece no último parágrafo. Logo, toda análise do léxico será tanto mais significativa quanto mais considerar a interdependência das palavras na construção de um sentido global para o que é dito.

Quanto à exploração dos fatos gramaticais

Um ponto bastante reiterado em nossas observações foi o de que *não se faz um texto apenas com gramática* ou, noutras palavras, foi a condição de *insuficiência da gramática* quando se trata de realizar um evento comunicativo. Fatores como o repertório de saberes acumulados, inclusive aqueles especificamente textuais, as normas sociais que regulam a interação verbal, tudo é parte constitutiva das ações de linguagem. O destaque que a gramática ganhou na história dos estudos escolares — a ponto de atropelar outras áreas do saber linguístico — decorre das concepções reducionistas e simplistas com que as línguas (e, consequentemente, a gramática) foram vistas. Abrindo nossos horizontes, portanto, podemos enxergar nos textos uma ação de linguagem que somente pode completar-se pela presença de vários fatores, inclusive categorias, fenômenos e fatos da gramática, que, dessa forma, não são os únicos. Pelo contrário, se articulam com outros, de forma que os sentidos criados resultam da conjunção de todos; por exemplo, da conjunção do léxico e da gramática; do linguístico e do textual; do textual e do pragmático. O eixo dos programas de estudo da língua deve ser, portanto, as especificidades de cada gênero, que vai pedindo, além de outras, lições da gramática que se ajusta à adequação de sua leitura e de sua produção. Evidentemente, tais lições de gramática precisam passar por uma crescente ampliação e por uma sistematização consistente, sem perder, no entanto, sua condição de elemento-parte-de-um-todo, elemento nem mais nem menos relevante que outros. Essa sistematização envolve classificações e nomenclaturas específicas (apresentadas não dogmaticamente e na medida certa), que têm sentido apenas como recurso de nomeação dos fatos da gramática. Nessa abertura de horizontes, ainda, a gramática ganha sentido e função; deixa de ser uma "gramática de regras" para ser uma "gramática de opções", conforme propõe Adam (2008: 75). Só assim ela perde o critério maior com que, ao longo de muitos séculos, ganhou visibilidade: o critério do certo e do errado. Em suma, o estudo da gramática tem seu lugar. Desde que se entenda *o que é esta gramática;* desde que se aceite o caráter inevitavelmente provisório de muitas de suas determinações; desde que se tenha como referência de sua validação os usos sociais (literários ou não) efetivados agora e não, simplesmente, o que prescrevem as gramáticas; desde que ela represente possibilidades de uso e não a única alternativa de um dizer aceitável; desde que ela não esgote todas as prioridades de estudo da língua. Para o Prof. José Borges Neto, da Universidade Federal do Paraná, existe, para o ensino da língua, uma hierarquia de prioridades:

(a) alfabetizar adequadamente o aluno (e por isso entendo conseguir que o aluno seja capaz de ler e escrever textos) é objetivo de prioridade 1;

(b) ensinar língua padrão é objetivo de prioridade 2;

(c) iniciação científica é objetivo de prioridade 3.

Uma escola que não conseguiu satisfazer o objetivo de prioridade 1 fracassou solenemente.

Uma escola que não conseguiu satisfazer os objetivos de prioridade 1 e 2 não tem por que pretender atingir os objetivos de prioridade 3 (destaque meu).

Não se trata, portanto, de escolher entre *ensinar ou não gramática*; trata-se de clarificar certos conceitos, dar-lhes consistência e definir prioridades e procedimentos que nos conduzam a uma efetiva *competência comunicativa*. Traduzindo: *trata-se de deixar os alunos lendo, escrevendo, falando, entendendo, e amando a língua portuguesa, de ontem e de hoje (sobretudo aquela "amaciada nas folhas da bananeira").*

Gostaria de fechar toda a conversa que tivemos dando a palavra a André Laurentino que, em seu texto *A lua da língua*, nos diz:

> Existe uma língua para ser usada de dia, debaixo da luz forte do sentido. Língua suada, ensopada de precisão. Que nós fabricamos especialmente para levar ao escritório, e usar na feira ou ao telefone, e jogar fora no bar, sabendo o estoque longe de se acabar. Língua clara e chã, ocupada com as obrigações de expediente, onde trabalha sob a pressão exata e dicionária, cumprimentando pessoas, conferindo o troco, desfazendo enganos, sendo atenciosamente sem mais para o momento. É a língua que Cristina usou para explicar quem quebrou o cabo da escova na pia do banheiro, num dia de sol em Fortaleza.

> Ou a língua empregada pelas aeromoças nos avisos mecanicamente fundamentais. Língua comum; mútua e funcionária. Língua diária; isto é, língua à luz do dia.
>
> Mas no entardecer da linguagem, por volta das quatro e meia em nossa alma, começa a surgir um veio leve de angústia. As coisas puxam uma longa sombra na memória, e a própria palavra *tarde* fica mais triste e morna, contrastando com o azul fresco e branco da palavra manhã. À tarde, a luz da língua migalha. E, por ser já meio escura, o mundo perde a nitidez. Calar, a tarde não se cala, mas diz menos o que veio a dizer. Por isso, poucas vezes se usa esta língua rouca do ciciar das cigarras, que cede à luz minguante da sintaxe, mas meio bêbada de escuridão.
>
> (...)
>
> Pois quando a língua em si mesma anoitece, o escuro espatifa o sentido. O sol, esfacelado, vira pó. E a linguagem se perde dos trilhos, de por onde ir. Tateia, titubeia e, com alguma sorte, tropeça, esbarrando em regras, arrastando a mobília das normas, e deixando no carpete apenas as marcas de onde um dia estiveram outros móveis. À noite, sonha nossa língua.

Espero, "nestas mal traçadas linhas", ter despertado a vontade de se viver essa língua que é 'usada de dia' e um pouco dessa língua do 'entardecer da linguagem'. Para que se perca a insipidez de uma língua que nem tem hora, nem lugar, nem é de ninguém: a 'língua morta' das atividades inventadas nos leilões de notas e créditos da escola (por vezes, com a bênção do santo padroeiro!)

Referências bibliográficas

Abaurre, M. L. M., Abaurre, M. B. M., Pontara, M. *Português* — contexto, interlocução e sentido. São Paulo: Moderna, 2008.

Adam, J.-M. *A linguística textual — introdução à análise textual dos discursos*. São Paulo: Cortez Editora, 2008.

Antunes, I. *O ensino da língua materna como integração de conhecimentos linguísticos*. Dissertação de mestrado. Recife: UFPE, 1986.

____. *Aspectos da coesão do texto — análise em editoriais jornalísticos*. Recife: Editora da UFPE, 1996.

____. A análise de textos na sala de aula: elementos e aplicações, *in:* Moura, D. (org.) *Língua e ensino: dimensões heterogêneas*. Maceió: EDUFAL, 2000, p. 13-20.

____. *Lutar com palavras — coesão e coerência*. São Paulo: Parábola Editorial, 2005.

____. *Muito além da gramática — por um ensino de línguas sem pedras no caminho*. São Paulo: Parábola Editorial, 2007.

____. *Língua, texto e ensino — outra escola possível*. São Paulo: Parábola Editorial, 2009.

Azeredo, J. C. (org.). *Língua portuguesa em debate — conhecimento e ensino*. Petrópolis: Editora Vozes, 2000.

Bagno, M. *Dramática da língua portuguesa — tradição gramatical, mídia e exclusão social*. São Paulo: Edições Loyola, 2000.

____. *Português ou brasileiro — um convite à pesquisa*. São Paulo: Parábola Editorial, 2001.

____. *Nada na língua é por acaso: por uma pedagogia da variação linguística*. São Paulo: Parábola Editorial, 2007.

____. *Não é errado falar assim! Em defesa do português brasileiro*. São Paulo: Parábola Editorial, 2009.

____. *Gramática: passado, presente e futuro. Curitiba: Aymará*, 2009.

____. Gramática pedagógica do português brasileiro. São Paulo: Parábola Editorial, 2012.

____. Gramática de bolso do português brasileiro. São Paulo: Parábola Editorial, 2013.

Bakhtin, M. *Marxismo e filosofia da linguagem*. São Paulo: Editora Hucitec, 1995.

Beaugrande, R. A.; Dressler, W. U. *Introduction to Text Linguistics*. Londres: Longman, 1981.

Bernardez, E. *Introducción a la lingüística del texto*. Madrid: Espasa-Calpe, 1982.

Bortoni-Ricardo, S. M. *Educação em língua materna*: a sociolinguística na sala de aula. São Paulo: Parábola Editorial, 2004.

Bronckart, J.-P. *Atividade de linguagem, textos e discursos — por um interacionismo sociodiscursivo*. São Paulo: EDUC, 1999.

Charaudeau, P.; Maingueneau, D. *Dicionário de análise do discurso*. São Paulo: Editora Contexto, 2004.

Costa, S. R. A construção de "títulos" em gêneros diversos: um processo discursivo polifônico e plurissêmico, *in*: Rojo, R. (org.). *A prática da linguagem em sala de aula*: *praticando os PCNs*. Campinas: Mercado de Letras, 2000.

____. *Dicionário de gêneros textuais*. Belo Horizonte: Autêntica Editora, 2008.

Costa Val, M. G. *Redação e textualidade*. São Paulo: Martins Fontes, 1991.

____. Repensando a textualidade *in:* Azeredo, J. C. (org.). *Língua portuguesa em debate — conhecimento e ensino*. Petrópolis: Editora Vozes, 2000, p. 34-51.

CHAROLLES, M. Introdução aos problemas da coerência dos textos, *in*: GALVES, C., ORLANDI, E.; OTONI, P. (orgs.), 1988.

DIONÍSIO, A. P.; MACHADO, A. R.; BEZERRA, M. A. (orgs.). *Gêneros textuais & ensino*. São Paulo: Parábola Editorial, 2010.

DISCINI, N. *A comunicação nos textos*. São Paulo: Editora Contexto, 2005.

FARACO, C. A. *Norma culta brasileira: desfazendo alguns nós*. São Paulo: Parábola Editorial, 2008.

____. *Português: língua e cultura*. Curitiba: Base Editora, 2003.

FARACO, C. A., TEZZA, C. *Prática de texto*. Petrópolis: Editora Vozes, 2001.

____. *Oficina de texto*. Petrópolis: Editora Vozes, 2003.

FÁVERO, L. O processo de coordenação e subordinação: uma proposta de revisão, *in*: KIRST, M.; CLEMENTE, E. (orgs.). *Linguística aplicada ao ensino do português*. Porto Alegre: Mercado Aberto, 1987, p. 51-61.

FERRAREZI, C. *Semântica para a educação básica*. São Paulo: Parábola Editorial, 2008.

FERREIRA, A. B. de H. *Novo dicionário Aurélio da língua portuguesa*. São Paulo: Nova Fronteira, 1987.

GIL, B. D., CARDOSO, E. A., CONDÉ, V. G. *Modelos de análise linguística*. São Paulo: Editora Contexto, 2009.

GUEDES, P. C. *Da redação à produção textual — o ensino da escrita*. São Paulo: Parábola Editorial, 2008.

HALLIDAY, M. K. & HASAN, R. *Cohesion in English*. Londres: Longman, 1976.

____. *Language Context and Text: Aspects of Language in a Social-Semiotic Perspective*. Oxford: Oxford University Press, 1989.

ILARI, R. *Introdução à semântica — brincando com a gramática*. São Paulo: Editora Contexto, 2001.

____. *Introdução ao estudo do léxico — brincando com as palavras*. São Paulo: Editora Contexto, 2002.

ILARI, R., Basso, R. *O português da gente — a língua que estudamos a língua que falamos*. São Paulo: Editora Contexto, 2006.

KIRST, M.; CLEMENTE, E. (orgs.). *Linguística aplicada ao ensino do português*. Porto Alegre: Mercado Aberto, 1987.

KOCK, I. G. V. Dificuldades na leitura/produção de textos: os conectores interfrásicos, *in*: KIRST, M.; CLEMENTE, E. (orgs.). *Linguística aplicada ao ensino do português*. Porto Alegre: Mercado Aberto, 1987, 83-98.

____. *A coesão textual*. São Paulo: Editora Contexto, 1996.

____. *Desvendando os segredos do texto*. São Paulo: Cortez Editora, 2002.

____. *Introdução à linguística textual*. São Paulo: Martins Fontes, 2004.

____. *Intertextualidade — diálogos possíveis*. São Paulo: Cortez Editora, 2007.

KOCK, I. G. V., TRAVAGLIA, L. C. *Texto e coerência*. São Paulo: Editora Cortez, 1993.

KOCK, I. G. V., ELIAS, M. V. *Ler e compreender: os sentidos do texto*. São Paulo: Editora Contexto, 2006.

MAINGUENEAU, D. *Análise de textos de comunicação*. São Paulo: Cortez Editora, 2001.

____. *Cenas da enunciação*. São Paulo: Parábola Editorial, 2008.

MARCUSCHI, L. A. Exercícios de compreensão ou copiação nos manuais de ensino de língua. *Em Aberto*, Brasília, ano 16, n. 69, jan./mar. 1996.

____. Gêneros textuais: definição e funcionalidade, *in*: DIONISIO, A. P.; MACHADO, A. R.; BEZERRA, M. A. (orgs.). *Gêneros textuais & ensino*. São Paulo: Parábola Editorial, 2010, p. 19-38.

____. *Produção textual, análise de gêneros e compreensão*. São Paulo: Parábola Editorial, 2008.

MATTOS E SILVA, R. V. *Tradição gramatical e gramática tradicional*. São Paulo: Contexto, 1994.

____. *"O português são dois..." — novas fronteiras, velhos problemas*. São Paulo: Parábola Editorial, 2004.

Mendonça, M. Análise linguística no ensino médio: um novo olhar, um outro objeto, in: Bunzen, C. Mendonça, M. Português no ensino médio e formação do professor. São Paulo: Parábola Editorial, 2006, pp. 199-226.

Moço, A. Gêneros, como usar. *Nova Escola*, ago. 2009, p. 48-57.
Moura, D. (org.). *Língua e ensino: dimensões heterogêneas*. Maceió: EDUFAL, 2000.
Neves, M. H. M. *Gramática de usos do português*. São Paulo: Editora UNESP, 2000.
____. *A gramática: história, teoria e análise*. São Paulo: Unesp, 2002.
____. *Que gramática estudar na escola*. São Paulo: Contexto, 2003.
____. *Texto e gramática*. São Paulo: Contexto, 2006.
____. *Ensino de língua e vivência de linguagem: temas em confronto*. São Paulo: Contexto, 2010.
Oliveira, L. A. *Coisas que todo professor de português precisa saber — a teoria na prática*. São Paulo: Parábola Editorial, 2010.
Perini, M. A. *Para uma nova gramática do português*. São Paulo: Ática, 1985.
Perini, M. A. *Sofrendo a gramática*. São Paulo: Ática, 1997.
____. *Princípios de linguística descritiva — introdução ao pensamento gramatical*. Parábola Editorial, 2006.
____. *Estudos de gramática descritiva: as valências verbais*. São Paulo: Parábola Editorial, 2008.
____. *Gramática do português brasileiro*. São Paulo: Parábola Editorial, 2010.
Rojo, R. (org.). *A prática da linguagem em sala de aula: praticando os PCNs*. Campinas: Mercado de Letras, 2000.
Roncarati, C. (org.). *As cadeias do texto — construindo sentidos*. São Paulo: Parábola Editorial, 2010.
Sant'Anna, A. R. *Paródia, paráfrase & cia*. São Paulo: Ática, 1985.
Scmidt, J. S. *Linguística e teoria de texto*. São Paulo: Pioneira, 1978.
Schneuwly, B., Dolz, J. et alii. *Gêneros orais e escritos na escola*. Campinas: Mercado de Letras, 2004.
Soares, M. *Português: uma proposta para o letramento*. São Paulo, Moderna, 1999.
Travaglia, L. C. *Gramática e interação — uma proposta para o ensino de gramática no 1º e 2º graus*. São Paulo: Cortez Editora, 1996.
____. *Gramática* — ensino plural. São Paulo: Cortez Editora, 2003.

Referências bibliográficas dos textos analisados

Alves, R. *Estórias de quem gosta de escrever*. Cortez Editora: São Paulo, 1984, p. 61-62.
Bordini, Ma da Glória. *Crônicas selecionadas e comentadas*. Porto Alegre: L&PM, 1982, p. 10-12.
Brandão, S. F. *A geografia linguística* no Brasil. São Paulo: Ática, 1991.
Bucci, E. A mercadoria alucinógena. *Veja*. São Paulo: 29 de abril de 1998.
Castro, C. M. *Revista Veja*, 8 de agosto de 2001.
Faraco, C. A. *Folha de S.Paulo*. 13 de maio de 2001.
Laurentino, A. A lua da língua, *in*: Campos, C. L. S.; Silva, N. J. (orgs.). *Lições de gramática para quem gosta de literatura*. São Paulo: Panda Books, 2007, p. 95-98.
Luft, Lya. *Pensar é transgredir*. Rio de Janeiro: Record, 2009.
Ponte Preta, S. *Garoto linha dura*. Rio de Janeiro: Civilização Brasileira, 1975.
Queiróz, Rachel de, *As cem melhores crônicas brasileiras*. Seleção de Joaquim Ferreira dos Santos. São Paulo: Objetiva, 2007.
Quintana, M. *Quintana de bolso*. Porto Alegre: L&PM, 2006.
Shimizu, H., Jones, F. A geração digital entra em cena. Época. Edição 22, São Paulo: Globo, 19 de outubro de1998.
Teles, G. M. *Falavra*. Lisboa: Dinalivro, 1989.

ESTRATÉGIAS de ENSINO

1. *O ensino do espanhol no Brasil*, João Sedycias [org.]
2. *Português no ensino médio e formação do professor*, Clecio Bunzen & Márcia Mendonça [orgs.]
3. *Gêneros catalisadores — letramento e formação do professor*, Inês Signorini [org.]
4. *A formação do professor de português — que língua vamos ensinar?*, Paulo Coimbra Guedes
5. *Muito além da gramática — por um ensino de línguas sem pedras no caminho*, Irandé Antunes
6. *Ensinar o brasileiro — respostas a 50 perguntas de professores de língua materna*, Celso Ferrarezi Jr.
7. *Semântica para a educação básica*, Celso Ferrarezi Jr.
8. *O professor pesquisador — introdução à pesquisa qualitativa*, Stella Maris Bortoni-Ricardo
9. *Letramento em EJA*, Maria Cecilia Mollica & Marisa Leal
10. *Língua, texto e ensino — outra escola possível*, Irandé Antunes
11. *Ensino e aprendizagem de língua inglesa — conversas com especialistas*, Diógenes Cândido de Lima [org.]
12. *Da redação à produção textual — o ensino da escrita*, Paulo Coimbra Guedes
13. *Letramentos múltiplos, escola e inclusão social*, Roxane Rojo
14. *Libras? Que língua é essa?*, Audrei Gesser
15. *Didática de línguas estrangeiras*, Pierre Martinez
16. *A palavra e a sentença — estudo introdutório*, Ronaldo de Oliveira Batista
17. *Coisas que todo professor de português precisa saber*, Luciano Amaral Oliveira
18. *Gêneros textuais & ensino*, Angela Paiva Dionisio, Anna Rachel Machado & Maria Auxiliadora Bezerra [orgs.]
19. *As cadeias do texto — construindo sentidos*, Cláudia Roncarati
20. *Produção textual na universidade*, Désirée Motta-Roth & Graciela Rabuske Hendges
21. *Análise de textos — fundamentos e práticas*, Irandé Antunes
22. *Dicionários escolares — políticas, formas & usos*, Orlene Lúcia de Sabóia Carvalho & Marcos Bagno [orgs.]
23. *Inglês em escolas públicas não funciona? Uma questão, múltiplos olhares*, Diógenes Cândido de Lima [org.]
24. *Dicionários na teoria e na prática — como e para quem são feitos*, Claudia Xatara, Cleci Regina Bevilacqua & Philippe Humblé
25. *Gêneros textuais — reflexões e ensino*, Acir Mário Karwoski, Beatriz Gaydeczka & Karim S. Brito
26. *Letramentos de reexistência — poesia, grafite, música, dança: hip-hop*, Ana Lúcia Silva Souza
27. *Pesquisar no labirinto — a tese, um desafio possível*, Francisco Perujo Serrano
28. *O território das palavras — estudo do léxico em sala de aula*, Irandé Antunes
29. *Multiletramentos na escola*, Roxane Rojo & Eduardo Moura [orgs.]
30. *Leitura e mediação pedagógica*, Stella Maris Bortoni-Ricardo et alii [org.]
31. *Numeramento — aquisição das competências matemáticas*, Michel Fayol
32. *Letramentos no ensino médio*, Ana Lúcia Silva Souza, Ana Paula Corti & Márcia Mendonça
33. *Neologia em português*, Margarita Correia & Gladis Maria de Barcellos Almeida
34. *Língua e literatura: Machado de Assis na sala de aula*, Alexandre Huady T. Guimarães & Ronaldo de Oliveira Batista
35. *O ouvinte e a surdez — sobre ensinar e aprender a libras*, Audrei Gesser
36. *Ensinar na universidade — conselhos práticos, dicas, métodos pedagógicos*, Markus Brauer
37. *Os doze trabalhos de Hércules — do oral para o escrito*, Stella Maris Bortoni-Ricardo & Veruska Ribeiro Machado [orgs.]
38. *Múltiplas linguagens para o ensino médio*, Clecio Bunzen & Márcia Mendonça [orgs.]
39. *Leitura de literatura na escola*, Maria Amélia Dalvi, Neide Luzia de Rezende & Rita Jover-Faleiros [orgs.]
40. *Escol@ conectada — os multiletramentos e as tics*, Roxane Rojo [org.]
41. *Sete erros aos quatro ventos — a variação linguística no ensino de português*, Marcos Bagno
42. *Cenas surdas: os surdos terão lugar no coração do mundo?*, Renato Dente Luz
43. *Aquisição de linguagem*, Michèlle Kail
44. *Métodos de ensino de inglês — teorias, práticas, ideologias*, Luciano Amaral Oliveira
45. *Aquisição da escrita*, Michel Fayol
46. *Pedagogia do silenciamento — a escola brasileira e o ensino de língua materna*, Celso Ferrarezi Jr.
47. *Por que a escola não ensina gramática assim?*, Stella Maris Bortoni-Ricardo et al. [orgs.]
48. *Aquisição de segunda língua*, Vera Lúcia Menezes de Oliveira e Paiva
49. *Gramática contextualizada — limpando "o pó das ideias simples"*, Irandé Antunes
50. *Língua, Linguagem, linguística — pondo os pingos nos ii*, Marcos Bagno
51. *Hipermodernidade, multiletramentos e gêneros discursivos*, Roxane Rojo & Jacqueline Barbosa
52. *Produzir textos na educação básica — o que saber, como fazer*, Celso Ferrarezi Jr. & Robson S. de Carvalho
53. *Faça a diferença — ensinar línguas estrangeiras na educação básica*, Alex Garcia da Cunha & Laura Miccoli [orgs.]
54. Coaching *instrucional — formação continuada e ensino de línguas*, Alex Garcia da Cunha
55. *Fonologia, fonética e ensino — guia introdutório*, Mikaela Roberto
56. *De alunos a leitores — o ensino da leitura na educação básica*, Celso Ferrarezi Jr. & Robson S. de Carvalho
57. *Enunciado de atividades e tarefas escolares — modos de fazer*, Denise Lino de Araújo
58. *Tiras no ensino*, Paulo Ramos
59. *O mundo na sala de aula — intertextualidade nos anos finais do ensino fundamental*, Maria Silvia Gonçalves
60. *Textualidade — noções básicas e implicações pedagógicas*, Irandé Antunes
61. *Poesia na sala de aula*, Hélder Pinheiro
62. *Ensinar a ler, aprender a avaliar — avaliação diagnóstica das habilidades de leitura*, Robson S. de Carvalho
63. *Oralidade na educação básica — o que saber, como ensinar*, Robson Santos de Carvalho & Celso Ferrarezi Jr.
64. *Vygotsky — a interação no ensino/aprendizagem de línguas*, Francisco José Quaresma de Figueiredo
65. *Intercompreensão — a chave para as línguas*, Pierre Escudé & Francisco Calvo del Olmo
66. *A alfabetização de idosos — um tema urgente no Brasil*, Kátia Abreu & Maria Carlota Rosa
67. *A função da literatura na escola — resistência, mediação e formação leitora*, Maria do Socorro A. N. Macedo [org.]
68. *A oralidade no ensino de línguas estrangeiras*, José Ricardo Dordron de Pinho [org.]
69. *A avaliação na escola — Guia de conceitos e práticas*, Robson Santos de Carvalho
70. *Aprendendo com os erros — uma perspectiva comunicativa do ensino de línguas*, Francisco José Quaresma de Figueiredo
71. *Português escrito para surdos*, Sueli Fernandes, Maria Cristina da C. Pereira & Maria Clara M. de Araújo Ribeiro [orgs.]

Esta obra foi composta em Garth Graphic 11/15
e impressa em papel Chambril Avena 80g
para a **Parábola Editorial** em agosto de 2024.

Impressão e acabamento:
Forma Certa